珍藏本
纪念版

汉译世界学术名著丛书

论道德的谱系

一本论战著作

〔德〕尼采 著

赵千帆 译

孙周兴 校

2017年·北京

Friedrich Nietzsche
ZUR GENEALOGIE DER MORAL
Friedrich Nietzsche:Sämtliche Werke,Kritische Studienausgabe in 15 Bänden
KSA 5:Jenseits von Gut und Böse
Zur Genealogie der Moral
Herausgegeben von Giorgio Colli und Mazzino Montinari
2. durchgesehene Auflage 1988

本书根据科利/蒙提那里考订研究版《尼采著作全集》第五卷第245—412页译出，并根据第十四卷补译了相应的编者注释。

汉译世界学术名著丛书
（120年纪念版·珍藏本）
出版说明

2017年2月11日，商务印书馆迎来120岁的生日。120年前，商务印书馆前贤怀揣文化救国的理想，抱持“昌明教育，开启民智”的使命，立足本土，放眼寰宇，以出版为津梁，沟通中西，为中国、为世界提供最富智慧的思想文化成果。无论世事白云苍狗，潮流左右激荡，甚至战火硝烟弥漫，始终践行学术报国之志，无改初心。

迻译世界各国学术名著，即其一端。早在20世纪初年便出版《原富》《天演论》等影响至今的代表性著作，1950年代后更致力于外国哲学和社会科学经典的译介，及至1980年代，辑为“汉译世界学术名著丛书”，汇涓为流，蔚为大观。丛书自1981年开始出版，历时三十余年，迄今已推出七百种，是我国现代出版史上规模最大、最为重要的学术翻译工程。

丛书所选之书，立场观点不囿于一派，学科领域不限于一门，皆为文明开启以来，各时代、各国家、各民族的思想与文化精粹，代表着人类已经到达过的精神境界。丛书系统译介世界学术经典，引领时代思想，为本土原创学术的发展提供丰富的文化滋养，为推动中国现代学术和现代化进程做出了突出的贡献。

为纪念商务印书馆成立120周年，我们整体推出“汉译世界学术名著丛书”120年纪念版的珍藏本，寄望既利于文化积累，又便于研读查考，同时向长期支持丛书出版的译者、编者和读者致以敬意。

两甲子后的今天，商务印书馆又站在了一个新的历史时间节点上。我们不仅要铭记先辈的身影和足迹，更须让我们的步伐充满新的时代精神。这是商务人代代相传的事业，更是与国家和民族的命运始终紧密相连的事业。我们责无旁贷，必须做好我们这代人的传承与创造，让我们的努力和成果不仅凝聚成民族文化的记忆，还能成为后来人可以接续的事业。唯此，才能不负前贤，无愧来者。

商务印书馆编辑部

2017年10月

中文版凡例

一、本书根据科利/蒙提那里编辑的15卷本考订研究版《尼采著作全集》(Sämtliche Werke, Kritische Studienausgabe in 15 Bänden,简称"科利版")第5卷(KSA 5:Jenseits von Gut und Böse / Zur Genealogie der Moral)第245—412页译出。

二、中文版力求严格对应于原版。凡文中出现的各式符号均予以保留。唯在标点符号上,如引号的运用,稍有变动,以合乎现代汉语的习惯用法。原版疏排体在中文版中以重点号标示。译文中保留的原版符号,需要特别说明的有:

/:表示分行。

[ ]:表示作者所删去者。

〈 〉:表示编者对文字遗缺部分的补全。

「 」:表示作者所加者。

[-]:表示一个无法释读的词。

[- -]:表示两个无法释读的词。

[- - -]:表示三个或三个以上无法释读的词。

- - - :表示不完整的句子。

[+]:表示残缺。

三、文中注释分为"编注"和"译注"两种。"编注"是译者根据科利版《尼采著作全集》第14卷第345—382页(对科利版第5卷的注解)译出的,作为当页注补入正文相应文字中,以方便读者阅读和研究。

四、科利版原版页码在中文版相应位置中被标为边码。“编注”中出现的对本书内的文献指引,中文版以原版页码标示。由于中文版把原版单独成卷(第14卷)的“编注”改为当页脚注,故已没有必要标出原版为方便注释而作的行号。相应地,“编注”中出现的行号说明也予以放弃,而改为如下形式:×××××……],表明该“编注”涵盖的范围从×××××到该“编注”号码所标记之处。

五、中译者主张最大汉化的翻译原则,在译文中尽量不采用原版编注中使用的缩写和简写形式,而是把它们还原为相应的中文全称。原版编注中对尼采本人著作的文献指引(包括不同版本的文集、单行本)均以缩写形式标示,如以“JGB”表示《善恶的彼岸》,在中文版中一概还原为著作名;原版编注中对科利版《尼采著作全集》诸卷的文献指引,中文版均以中文简写形式“科利版第××卷”的方式标示;唯原版编注中对尼采不同时期手稿和笔记的文献指引,因内容解说过于烦琐,中文版也只好采用原版的简写法,并在书后附上“尼采手稿和笔记简写表”。

目　录

序　　言 247

1

我们还不认识自己，我们这些认识者，自己还不认识自己：这里面大有原因。我们从来不去寻找我们自己，——怎么可能有这样的事呢，我们竟会在某一天**发现**自己？有句话很有道理，“你的财宝在哪里，你的心也在哪里[①]”；**我们的**宝藏就在我们的知识蜂巢那里。我们总是在走向它的途中，作为天生的精神飞虫和精神采蜜者，我们其实一心关注的只是——把什么东西“带回家去”。至于生命，亦所谓“体验”[②]，此外还跟什么相干，——对这个，我们当中谁会哪怕只是足够严肃地对待过？或者有谁花过足够的时间？就这些事情而言，我恐怕我们从来就不曾切实地“就事情而 1

---

① 你的……]《新约·马太福音》第 6 章第 21 行。——编注[译按：《使徒书信》(*epistula*，第 22 章第 30 行)载，早期教会最伟大学者圣哲罗姆自言尝醉心古典学，一次梦中面临上帝审判，他自称为基督徒却受驳斥曰：“你说谎。你只是一个西塞罗式学者，而非一个基督徒，你的财宝在哪里，你的心也在哪里！”遂尽弃旧学，专研神学及圣经学。]

② 德语中“体验”(Erlebnis，有时亦译作“经历”)一词源自“生命”(Leben)，后者又来自“身体”(Leib)。——译注

言”：我们的心从来不在那里——我们的耳朵也不在！我们更像一个通神的走神者（Göttlich-Zerstreuter）和沉湎于自身者，当正午洪亮的钟声把他的耳朵震得嗡嗡响，他蓦然回过神来，问自己：“这会儿究竟敲了几下呀？”我们也这样**跟在后面**不时搓着自己的耳朵，震惊不已，狼狈不已，自问道：“我们这会儿究竟体验到了什么？还有：我们究竟是谁？”并且像前面说过的那样**跟在后面**去数，把前面那十二下颤抖的钟声全部重新数一遍，我们的体验、我们的生命和我们的**存在**的钟声——啊呀！这里数错了……我们就是必然会对自己保持陌生，我们不理解我们自己，我们**必须**混淆自己，对我们来说，有条永恒的法则叫作“每个人对于他本身皆是最遥远者”[①]，——对于自身，我们并非“认识者”……

2

——我关于我们的道德成见之**来源**的思想——因为这是这篇驳文所要论及者——在一本格言集里第一次得到了简洁和初步的表达，它的题目是《人性的，太人性的。一本为自由精神而作的书》，动笔于索伦托[②]，时逢冬季，这季节让我可以停下来，像一个漫游者那样停步回望我的精神到那时为止漫游经过的那片广阔而

① 引文系对泰伦提乌斯的《安德罗斯少女》中格言（Andria Ⅳ，1，12）的颠倒：Optimus sum egomet mihi[每个人跟自己最好]。——编注[译按：据《杜登引文辞典》，此格言当作 Proximus sum egomet mihi[每个人跟自己最近]；泰伦提乌斯（Publius Terentius Afer，德文或作 Tenrenz），活跃于公元前 1 世纪的罗马喜剧诗人。]

② 索伦托（Sorrent）：意大利南部小城。——译注

危险的领地。那是 1876 年到 1877 年冬天的事了;那些思想本身则起于更早的时候。它们已道出跟这篇论文中将再次论述的大体相同的思想:——我们希望,这期间的漫长时日已经于它们有所裨益,已经使它们变得更成熟、更明亮、更强健、更完满了! 而我到今天还坚持这些思想,**这一点**以及下面这一点,思想们自己在这期间已经越来越彼此相互坚持,甚至已经生长到彼此之中,长到了一处:让我愈发快活地笃信,这些思想从一开始就不想从我这里个别、随意和零散地产生,而是想要从一个共同的根柢中,从认识的某种**基本意志**中产生,这意志在深处发号施令,越来越确定地言说着,并且要求着越来越确定的东西。也唯有如此,于一位哲学家才合适。我们无论在何处都没有理由成为**个别**:我们既不可以犯下个别的谬误,也不可以撞上个别的真理。而毋宁说是带着一种必然性,犹如树必然要结果,我们的思想,我们的价值,我们的“是”与 3
“否”、“如果”和“是否”就带着这种必然性,从我们内部生长出来——所有东西都互有亲缘,互带关联,都是一个意志、一种健康、 249
一片土壤和一轮太阳的见证。——**你们**觉得我们的这些果子好吃吗? ——可这跟那些果树有什么相干![①] 这跟**我们**、我们哲学家们有什么相干! ……

---

① 可这跟……]也许是在变相引用海涅,《卢卡浴场》第四章:“妈妈,那些绿树同您有什么关系?”。——编注[译按:此句中的“树”或当解为果树,上下文意为“果实好不好吃与结果之树不相干”。编者所引海涅原句其意本在嘲笑那些以为还有一个“完整的”自然景象并对之漫作感伤的人的。参见《海涅全集》第六卷,章国锋译,河北教育出版社,2003 年,第 118—119 页。]

3[①]

我有一个自己特有的、我并不乐于承认的顾虑——它涉及**道德**和到目前为止大地上一切被当作道德来颂祷的东西——，一个顾虑，在我生命中出现得如此之早，不请自来，不可阻挡，与我的环境、年龄、榜样和出身相矛盾，我因而或者几乎有理由称之为我的“先天”(A priori)，——由于这种顾虑，我的好奇和我的猜疑必定会在这个问题上适时停留一下：我们的善和恶到底来自**何种起源**？事实上，恶的起源问题在我还是个13岁少年的时候就追着我了：在一个人们说“一边玩耍一边信上帝”[②]的年龄，我就把我第一篇儿戏之作，我的第一次哲学练笔献给了它——至于我当时对问题的“解决”，则理所当然地是尊崇上帝，奉他为恶之**父**。**这**就是我的“先天”要我做的么？那个新的、非道德的，或至少是非道德主义的“先天”？以及从中道出的，嘿，如此反康德、如此诡秘的“绝对命令”，那个我在这期间越来越仔细地聆听而又不仅仅是在聆听的律令？……幸运的是，我及时学会了把神学成见和道德成见分开，并且不再到世界**背后**去寻找恶的起源。一些历史学和语文学方面的学术训练，再加上对于心理学根本问题的天生挑剔的感受力，很快
250 使我的问题转化为另一个问题：人类是在何种条件下为自己发明

① 参看科利版第8卷，28[7]；第11卷，25[525]；26[390]；38[19]；歌德在《诗与真》第八卷(结尾处)关于自己也有类似的记录。——编注[译按：盖指“一个神学体系的编造”一节，《歌德文集》第四卷，刘思慕译，人民文学出版社，1999年，第358—361页。]

② 一边……]出自《浮士德》第一部，第3781—3782行。——编注

那些善恶价值判断的？这些价值判断本身又有什么价值呢？它们迄今为止是阻阨还是促进了人类的繁荣呢？它们是生命之窘困、贫乏和蜕变的标志吗？或者相反，这些价值透露出生命之饱满、力量和意志，生之勇气，生之笃信，生之未来？——对此，我在自己这里发现并冒险尝试了若干答案，我区分个体所属的时代、民众和等级，我把自己的问题专门化，从答案中又变出新的问题、研究、猜想和或然性[①]：直到最后有了一片自己的国土，自己的地盘，一个完整、隐蔽、时时生长和欣欣向荣的世界，仿佛秘密花园，没有人会料到里面有什么……哦，我们多么幸运啊，我们认识者——假如我们知道足够长久地保持沉默！……

4

第一次有冲动要公布一些关于道德起源的假说，是因为一本清晰、简洁和聪明的，而且聪明得太早的小书，书中有一种颠倒和反常的谱系学假说，地道的英国品种，第一次明确地拦住了我的去路，它把我吸引住了——以所有处于对立面和对跖点上的东西都具有的那种吸引力。小书题为《道德感知的起源》，作者为保罗·瑞博士[②]，出版于1877年。我读书时可能从来没有读到像对这本

① “或然性”（Wahrscheinlichkeiten），指通常肯定的、易于实现的可能性；在数学上即“概率”。——译注

② 保罗·瑞（Paul Ludwig Carl Heinrich Rée）：德国学者和医生。《道德感知的起源》系他1876—1877年间与尼采共游索伦托时著成，取拉马克和达尔文的经验主义立场，把道德看作特定环境下积累的习性。他对道德起源的研究曾被尼采激赞（《人性的，太人性的》第37、38节），据克拉克-斯文森，两人因莎乐美而终结的关系是尼采“成年生命中大概唯一真实的知性上的伙伴关系”。——译注

书那样，读到每一个句子，每一个结论，我都在心下说着不：但完全
没有不高兴和不耐烦。在前述那部我当时正在撰写的著作里，我
有意无意地涉及该书的论断，不是在反驳——我哪要通过反驳来
251 创立什么东西！——而是，就像一个肯定的精神所应当做的那样，
以大概如此者代替未必如此者[①]，有时是用另一个谬误代替一个
谬误。当时，如前所述，我是第一次公开那个来源假说，亦即本论
文的宗旨，那时我谈得还不机灵，仿佛究竟还是想在自己面前隐藏
自己一样，谈得还不自由，还没有一种适用这件特殊事物的特殊语
言，而且多有反复与摇摆。倘若人们个别地比较一下我在《人性
的，太人性的》中所说的，如第 51 页关于善与恶的双重前史（即源
自高贵者和奴隶者两个领域的）；又如第 119 页及以下关于苦修道
德的价值和来源；又如第 78 页、第 82 页和第二部第 35 页关于“礼
俗德教”[②]这种古老且原始得多的道德种类与那种利他主义的评
价方式（瑞博士和所有英国道德谱系学家们一样，从中看到的是自
在的道德评价方式[③]）有天壤之别；又如第 74 页、《漫游者》第 29
页、《曙光》第 99 页中，关于正义的来源：几乎同等强大者之间的某

① “大概如此者”（das Wahrscheinlichere）和“未必如此者”（des Unwahrscheinlichen）皆就“或然性”（Wahrscheinlichkeit，亦即概率）言，前者指或然性较高、很可能发生的，后者指或然性很低、不太可信者，其词义亦与用词者的自信程度相关，亦表明尼采所取的“疑虑”（Misstrauen）和“也许”（vielleicht）的姿态。——译注

② “礼俗德教”原文作 Sittlichkeit der Sitte，字面意思为“习俗的道德性”。Sitte（“礼、礼教”）在古德语的本义为生活风俗与惯例，在现代德语中则逐渐强化了道德含义，表示某种符合了或表现出道德的行为方式，亦可解作“道德”，近于中文所谓“礼教”者。Sittlichkeit（“德教”）即符合礼教的品行。——译注

③ “自在的道德评价方式”（die moralische Werthungweise an sich）或系对康德的“自在之物”（Ding an sich）的戏仿，同时又可解为“在自己身上[看]这种道德评价方式”。——译注

种平衡(均势乃是一切契约,从而是一切法律的前提);又如在《漫游者》第 25 页和第 34 页[①]关于刑罚的来源,恐吓的目的对于刑罚既非本质性的,亦非本源性的(不是像瑞博士所以为的那样:——恐吓目的毋宁一开始是在特定的情况下,而且总是作为一种额外的、附加上去的东西被添嵌到惩罚之中的)。

5

归根到底,在当时我正操心于某些事情,我自己或别人设立了哪些道德起源假说,远不如这些事来得重要(或者更准确地说:设立假说只是为了一种目的,是达到此目的的多种手段之一)。我关注的是道德的**价值**,——对于这一点,我几乎是独自一人同我的伟
大老师叔本华进行辨析,那本书及其中的激情与隐秘矛盾都是面 252
向他的,就像当面有人一样(——因为那也是一篇“驳文”[②])。特别是关系到那些“非利己者”的价值,那些同情之本能、自我否定之本能、自我牺牲之本能的价值,就是对这些价值,叔本华进行了如此长久的粉饰、神化,将之置于彼岸,直到它们终于作为“自在之价值”在他那里留存下来,他以此为基础,对生命,也就是自己对自己**说不**。而恰恰是对**此类**本能,有一个越来越蚀及根本的疑心、一种挖得越来越深的怀疑论在劝我放弃它们!恰恰在这里,我看到全

① 倘若……]参看《人性的,太人性的》1878 年版,第 45,92,96,100,136 诸节;1879 年版第 89 节;《漫游者和他的影子》第 22,26,33 节,《曙光》第 112 节。——编注

② “驳文”原文为 Streitsschrift,字面义为“论战著作”,通常亦可指简易装订的小册子,用于及时地、非正式地公开表达政治、宗教方面的反对意见。——译注

人类的大危险，它最精巧的勾引和诱导——究竟要诱引到何处？到虚无里去么？——恰恰在这里，我看到终结的开端，看到伫留，看到往回望的[①]疲乏，看到意志转而**反对**生命，看到那最后的病在温柔而消沉地宣告着：我是在把那个越来越广为扩散的同情道德——它甚至侵袭了哲学家们，使他们生了病——理解成我们这个变得阴森叵测的欧洲文化的最阴森的症状，理解成欧洲文化通向一种新佛教的歧途吗？通向一种欧洲佛教？通向——**虚无主义**[②]？……因为现代哲学家对同情的厚遇和高估是件新鲜事：恰恰是对同情之**无价值**，是迄今为止哲学家们一致认同的。我只举柏拉图、斯宾诺莎、拉罗什福科和康德[③]，这四个思想人物彼此的差别大得不能再大，可在一件事上却是一致的：对同情的贬评。——

6

这个关于同情与同情道德之**价值**的问题（——对现代那种可耻的感觉软化，我是一个反对者[④]——）乍一看去，只是某种个别
253 孤立的东西，一个孤零零的问号；然而谁若在这上面盘桓，在这上

---

① 回望的］付印稿：虚无主义的。——编注

② 我们……］付印稿：一个变得阴森叵测的欧洲文化的最阴森的症状，理解成欧洲文化的歧途——通向虚无主义吗？……通向一种新佛教，一种未来佛教。——编注

③ 据《尼采频道》，分别参见柏拉图，《理想国》606a—b；斯宾诺莎：《伦理学》第50节；拉罗什福科：《道德箴言录》第264条；康德：《实践理性批判》。——译注

④ 对现代……］付印稿：在我所有的著作中，首先是在《曙〈光〉》和《快〈乐的〉科〈学〉》中强调过了。——编注

面学习提问，那么，在我身上发生过的事，在他亦将发生：——一个阴森难测的新前景将在他面前打开，一种可能性抓住他如一阵晕眩，各种各样的疑虑、猜忌、恐惧涌到跟前，对道德、一切道德的信念动摇了，——最后，一个新的要求响起来。让我们说出来吧，说出这个新的要求：我们亟须一次对道德之价值的批判，这些价值的价值本身首先有待质问——为此，对它们在其中生长、发展和迁延开来的那些条件和形势（道德作为结果、症状、面具、伪善、疾病、误解；但也作为原因，作为药剂、兴奋剂、抑制剂、毒药）的某种见识，就是必要的了，然则这样一种见识直到现在都尚未有过，也尚未被追求过。人们把这些“价值”的价值当作给定的，事实性的，超越于一切质问之外；人们设定“善人”比“恶人”有更高的价值，也就是在对于这种人类一般[①]（包括人类的未来）而言有所促进、裨益、繁荣的意义上有更高的价值，对此人们迄今亦未曾有过最轻微的质疑和犹豫。怎么办？倘若真相是颠倒的呢？怎么办？倘若在“善”中亦有某种退化症状，同时且有某种危险，某种诱惑，某种毒害，某种麻醉，通过它，当前之生活竟是以未来为代价呢？也许活得更惬意，更安全，却也更小器（im kleineren Stile），更卑下？……以至于倘若，如果人这个类型本身原来可能达到的某种最高级的强大与壮丽从来没有被达到过，而这恰恰该由道德来承担责任呢？以至于恰恰道德才是那些危险的危险之处呢？……

① “人类一般”作一气读。——译注

7

够了，自从这般景象在面前打开之后，我自己便有理由去搜寻
训练有素、勤劳勇敢的同志（今天我依然在找）。这就要带着全新
的问题，仿佛带着新的眼睛，在那片阴森广漠而又如此隐蔽的道德
领地——属于那个现实地发生过、生活过的道德——上巡游：而
这，难道不就几乎意味着对这片领地的首次**揭示**么？……如果我
在此还想到上面提到的瑞博士以及其他人，那是因为我从来不曾
怀疑过，本来，他该被他那些问题的本性逼到一个更加正确的方法
论上去，去获得那些问题的答案。我这可是在自欺么？我的愿望
至少是，把一个更好的方向、朝着现实的**道德史学**的方向，赋予一
双如此尖锐而又视若无睹的眼睛，及时警告他提防那种把假说设
10 定到**蓝色中**[①]的英国式做法。当然，对于一个道德谱系学家来说，
哪一种颜色必定恰恰比蓝色重要百倍，是一目了然的：那就是**灰**
色[②]，可以说是那种有据可查的东西，现实中可以坚持的东西，现
实地在场过的东西（das Wirklich-Dagewesene），简而言之，就是一
整套记述人类的道德的过去的冗长而难以译解的象形文书！——
这些是瑞博士所不认识的；不过他读过达尔文：——所以，在他的

① “到蓝色中”原文为 ins Blaue，或亦双关：在德语中“到蓝色中”有“胡乱地、漫无边际”的意思；另一方面，蓝色又代表与大地相对的天空，以及和平和无辜（参见第 19 节“蓝眼睛”注）。——译注

② 德语中“灰色”（Graue）与“恐惧”（Grausam），“恐怖”（grausam）的词形联系是明显的，适与蓝色相对。——译注

假说中，达尔文式的野兽和最最现代而谦逊的、“再也不咬人”的道德宠儿[①]，以一种至少可以逗乐的方式，乖巧地伸手相握，而道德宠儿的脸上则流露出一股特定的温良而精细的冷淡，冷淡中甚至掺杂着一丝悲观，一丝倦意：仿佛所有这些事情——这些道德问题——其实根本不值得这样严肃对待。在我看来则相反，再没有比严肃对待它们更**值得**的事了；其所值在于，比如，人们有一天也许会被允许去**更明朗地**对待它们。明朗，或者用我的语言来说，**快** 255
乐的科学——就是所值：一种长久的、勇敢的、勤劳的和暗地里的严肃的所值，这种严肃诚然不是每个人都行的。不过，当有一天，我们从心底说出：“前进吧！去把我们的旧道德也**演成喜剧**！”我们便为这出关于“灵魂的命运”的狄奥尼索斯剧揭示了一种新的纠葛与可能——：可以打赌，他会把这些利用起来的，他，这位抒写我们此在的伟大、古老、永远的喜剧诗人！……

① 谦逊的……]付印稿：小市民宠儿和有教养的非利士人；又被不知名者改为：小市民享乐土子和深居简出者（猜测是根据尼采对出版商的嘱托）。1887 年 10 月 5 日尼采在威尼斯给他的出版商卡·古·瑙曼写道：下列添为序言第八节：如是则序言末节序号为 9。/8./ 最终，我至少用一句话指出一个阴森叵测的、还完全未被揭示出来而逐渐在我这里确认下来的事实要件：迄今未有过比道德诸问题**更关乎原则**的问题了，迄今诸种价值所构成之领域内的所有伟大构想，正源于**这些问题**的推动力（——皆与普遍被称作“哲学”的东西相因而生；包括这些构想最后的认识论诸前提）**然而现在有比道德问题还更加关乎原则的问题**：当人们把道德成见抛在身后，这些问题才会进入视线，即当人们知道作为非道德主义者往世界里面、往生命里面、往自身里面张望的时候——不过在当天，1887 年 10 月 5 日，尼采便收回了这一嘱咐，通过下面这张明信片：最尊敬的出版商先生，今天上午发现的那段手稿（对序言的补充）应算**无**效；亦即依旧保持最初的序言分为 8 节的排序。——编注

8

——如果这篇文字对哪个人来说是不可理解和难以入耳的，则其责任，依我之见，未必在我。它的意思是足够清楚的，前提是(这是我所预设的)，人们此前已[①]读过我早先的文字，并且颇花了些力气去读：那些文字其实是不太容易入门的。以我的《查拉图斯特拉》为例，谁若不是被它的每一句话时而深深刺伤又时而深深迷醉，那么我不算他是它的知音：因为唯有那样，他才可以拥有特权，在那部著作得以诞生的静穆元素中，在它那种阳光般的明亮、遥远、广阔和确切中，敬畏地分享到他那一份。在有些情况下，格言的形式造成困难：这种困难在于，人们今日把这种形式看得还**不够重**[②]。一部实实在在地锻打铸造出来的格言，当它宣读之际，犹未得到“译解”；而毋宁说，对它的**解读**方才开始，为此就需要一种解

12

256 读的艺术。在本书第三篇中，对于我在这类情况下会称之为“解读”的东西，提供了一个范例：——在它之前是一部格言，它本身是对格言的评注。诚然，为了以此方式把阅读作为**艺术**来练习，首先有一样是必需的，而这也恰恰是时至今日荒废得最严重的——因而要我的文字“可读”，尚需时日——，要做到这一样，人们必须近

① 付印稿中此处删去如下内容：逐字逐句。——编注

② “看得……重”原文为 schwer... nimmt，就字面亦可解为“看得……难”。——译注

乎母牛，无论如何必须不做"现代人"：反刍……

塞尔斯-马利亚，上恩加丁山谷

1887 年 7 月

257 # 第一篇　“善和恶”，“好和坏”[①]

1

——那些英国心理学家们，人们迄今还不得不感谢他们为道德发生史的建立做了一些独一无二的尝试，——他们用他们自身给我们出了不小的谜语；甚至，我得承认，正是由于这一点，即作为生动的谜语，作为先于他们所著之书的某种本质性的东西——**他们本身很有趣**！这些英国心理学家们——他们究竟想要什么呢？不管是有意还是无意，人们总是在相同的工作上遇到他们，这工作就是，把我们的内部世界的 partie honteuse[羞处]推到前台，并且恰恰要在人类的理智自负最不愿有所发现之处（比如在习以为常的 vis inertiae[惯性]里，或者在健忘中，或者在盲目偶然的理念构架和理念机械中，或者是在某种纯粹消极的、不自觉的、反射性的、分子组成的、彻底木然的什么东西中）去寻找那种真正起作用的、

① 德语中“善”与“好”是同一个词“gut”；下面根据上下文，凡在与“坏”(schlecht)并提的地方皆译之为“好”，在单独出现以及与“恶”(böse)对应时则译之为“善”。尼采此书中偶尔还用到第三种类似的对应：gut－schlimm，译为“优良－恶劣”或“优－劣”。——译注

引领性的、对于发展具有决定性的东西——究竟是什么东西总是把这些心理学家们偏偏推向**这个**方向呢？是不是人类渺小化的本能，一种阴森、阴险、平庸、自己也许都不向自己坦白的本能？或者大概是一种悲观的狐疑，一些失望、阴郁、有毒、发青的唯心论者们的那种不信任？或者是一种对基督教义（和柏拉图）暗地里的，也 258
许从未达到意识阈限的小小敌意和怨气？甚或是一种贪婪的趣味，偏嗜异样之物、刺痛人的悖论和此在之可疑与荒唐？或者最后——所有这些都有一点儿，一点儿平庸，一点儿阴郁化，一点儿反基督，再加一点儿搔痒和对黑椒的需要？……不过，有人对我说，说白了这是些阴冷无聊的老青蛙在人类周围，有时还到人的里面去又爬又跳，仿佛他们在那里适得其所，也就是说，在一团**沼泽**里。听到这些话，我颇有抵触，甚至不去相信；如果对所未知者可以有所盼望，那么我满心盼望的是，但愿他们的情形正相反，——但愿这些灵魂的研究者和微观者，从根本上是勇敢、大气和自负的动物，他们知道如何驾驭他们的心灵以及他们的痛苦，已经把自身教育得可以为了真理牺牲所有愿景，**一切**真理，甚至是直白、酸涩、丑陋、悖逆、非基督和非道德的真理……因为有这样一些真理。——

2[①]

那么，向那些可能主宰着这帮道德历史学家的好精神[②]致敬

① 参看科利版12卷，1[7.10]。——编注

② “好精神”(gute Geister)为直译；亦可解为“善良精灵、守护天使”。——译注

吧！可惜事情却肯定是：历史精神[①]本身离开他们了，他们已经被
所有历史学的好精神弃之不顾了！他们统统，一如古老的哲学家
惯例，都在以本质上非历史的方式思考；这一点不用怀疑。他们的
道德谱系学之呆板，从一开始，在着手追察“善”之概念与判断的来
源时，就展现出来了。“在源初时，——他们宣布说——人们称赞
非利己的行为并且称之为善，是从这些行为所施与的那一方，亦即
259 这些行为于之有用的那一方出发的；后来，人们遗忘了这种称赞的
起源，仅仅因为那些非利己行为合乎习惯，便总是把它们称赞为善
的，亦将之感受为善的，——仿佛它们自在地便是某种善。”这里马
上可以见出：这第一步推理就已经包含了英国心理学家之特异反
应[②]的所有典型征兆，——我们被给定“有用性”、“遗忘”、“习惯”，
得出结论为“谬误”，一切都是对一种价值评估的佐证，高等人迄今
自负于这种价值评估，犹如自负于人类一般[③]的某种特权。这样
一种自负应该受鄙夷，这样一种价值评估的价值应该受贬低：这一
点做到了吗？……在我看来，首先一目了然的乃是，这种理论是到
一个错误的地点去寻找和设定“善”的概念的真正发源地：“善”之
判断并非出自“善意”所施与的那一方！而毋宁说，是那些“善人”
自己，也就是说，是那些高尚者、有权势者、站得更高者、识见高远
者，是他们自己把自身和自身之所作所为感受和设定为善的，亦即
第一等的，以对立于一切低等者、见识低陋者、平庸者和群氓之辈。

① 精神]付印稿：感性。——编注

② “特异反应”(Idiosynkrasie)：医学概念，原指人体接触某种特别试剂时的特别反应方式。——译注

③ “人类一般”连读。——译注

从这样一种**距离之激昂**出发,他们才占有创设价值、铸造价值之名称的权利:有用性跟他们有什么相干! 恰恰在这样一种进行着最高级的等级排序和等级对比的价值判断的热烈涌动面前,有用性视角是最为乖异而不适用的:这里,感觉恰恰跟低温(低温是一切计算性的聪明、一切有用性运算的前提)处在一种对立之中,——不是一次性地,不是一时之例外,而是持续地对立。高尚与距离生出的激昂,如前所述,一个统治性的高等品种在一个低等品种、一类“下人”的相衬托之下所产生那种持续性和主宰性的总体感觉和基本感觉——**这**才是“好”与“坏”对立的起源。(授予名称的主人 260
权利是如此之广,以至于人们应当敢于把语言起源本身领会为统治者的权力表达:他们说“这**是**这个和这个”,他们以一次发声来盖章核定每一个事物和事件,由此如同将它们据为己有。)这一起源决定了,“善”这个词从一开始便**不是**跟“非利己”行为必然联系在一起:那是那些道德谱系学家们的迷信。而毋宁说,在贵族价值判断**衰落**之时才有这样的事,“利己”与“非利己”的全面对立才越来越被强加于人类良心之上——随之终于开始发言(并且成为**诺言**)的是,用我自己的话来说,**群盲本能**。然后还要过很久,这种本能才在群众中成为主人,使道德的价值评估径直盘踞和镶嵌在那种对立里(例如当前的欧洲就是这样的情况:将“道德的”、“非利己的”、“不计利害的”视为等价概念的成见,已经靠着某种“偏执理念”[①]和

① “偏执理念”(fixen Idee):此系直译;18 世纪医家用于精神病科中,指强迫性观念(Zwangsvorstellung),属偏执症症状,以某个自以为是的观念为标准解释一切事情。——译注

脑肿病[1]的势力,大行于今日了)。

3

而第二点:且不说上述关于“善”之价值判断的起源假说在历史学上是站不住脚的,假说本身是一个心理学的荒谬。说非利己行为的有用性应该是这种行为受到称赞的起源,而且这个起源应该被**遗忘**:——这遗忘何以竟又是**可能**的呢?这类行为的有用性也许在某个时候中断了罢?事情正相反:这种有用性毋宁说是一切时代的日常经验,某种总是一再重新被强调的东西;从而,它不
261 是从意识中消失,不是变得易被遗忘,而必定是以越来越清楚的印象印在意识里。相反的,比如由赫伯特·斯宾塞[2]所代表的理论,倒是要更加理性得多(并不因而就更加真实——):这种理论把“善”之概念设为本质上等同于“有用”、“合目的”等概念,以至于全人类在“好”和“坏”的判断中恰恰是在合计和认同那些**不被遗忘**和**不易遗忘**的经验:这是有用而合目的,那是有害而不合目的。按照这种理论,善就是向来证明为有用者:因此它可以作为“最高价

---

① “脑肿病”(Kopfkrankheit):当指一种传染于家畜群中的疾病,与所谓“群盲”(Heerde,即“畜群”)相应。通常该词指今称牛恶性卡拉热(Bösartiges Katarrhalfieber)的传染病,1877年在瑞士被初次观察到,症状之一为头部器官黏膜发炎及肿胀;《皮埃尔辞典》1860年版则以为指一种鸡瘟,病鸡将头脑肿胀破裂而死,治疗则当以新鲜空气与阳光。——译注

② 见于《伦理学诸事实》,并参看科利版第9卷,1[11]。——编注[译按:《伦理学诸事实》(*Die Tatsachen der Ethik*,Stuttgart,1879)即斯宾塞《伦理学原理》第一卷第一部分《伦理学资料》(*The Data of Ethics*,1879)。]

值”、“自在价值”宣称有效。这条解释道路，如前所述，也是错误的，但至少这种解释本身在自己这里是理性的，在心理学上站得住脚。

4[①]

——指点我走上**正**道的是下面这个问题：在不同语言中被铸造出来的“善”之记号在语源学上究竟有什么含义。我发现，那些记号皆可回推到**相同的概念变形**，——所有语言中，在等级意义上的“高尚”、“高贵”都是基本概念，从中必然发展出“善”，即在“灵魂高尚的”、“灵魂高贵的”、“灵魂得到高度培养的”、“灵魂有特权的”的意义上的“善”：这个发展总是平行于另一个发展，在那里，“平庸的”、“群氓的”、“低等的”最终转化为“坏”的概念。这方面最有说服力的例子是“坏”[②]这个德语单词本身：它同于“直朴”——比较一下“简单直接”、“简直”——源始意义是直朴、平庸的男人，还不带嫌弃和鄙视，只是表明与高尚相对而已。大约在三十年战争的 262
时代，即相当晚近的时候，这个意义才被移置入现在所使用的意义中。——在我看来，这是事关道德谱系学的一个**本质性**洞见；它这么迟才被发现，要怪民主成见在现代世界内部对所有出身[③]问题

① 参看科利版第9卷，3[134]；《曙光》231。——编注

② 这里涉及几个词的原文分别是：“坏”(schlecht)，“直朴”(schlicht)，“简单直接”(schlechtweg)，“简直”(schlechterdings)；它们同源于古高地德语 sleht(平，平直)。——译注

③ “出身”(Herkunft)即“来源”。参见《善恶的彼岸》第32节。——译注

所产生的抑制影响。此影响一直扩展到表面上最客观的自然科学和生理学领域,对此,我们这里只能略作提示。这种成见——一度释放为憎恨——能对尤其是道德和历史造成怎样的危害,在巴克尔[①]那声名狼藉的例子[②]里可以见到;现代精神那产自英国的平民主义(Plebejismus),又一次从它故乡的土壤上爆发出来,其剧烈犹如一次泥浆的火山喷发,伴随着那种加盐太多、叫得太响的平庸雄辩,迄今为止的历次喷发都在用这种雄辩说话。——

5[③]

就我们的问题而言——有充分的理由可以称之为一个寂静的问题,它只有选择性地对少数的耳朵而发——,坚持下面这一点并非无关紧要:在表示"善"的那些词汇和词根中,从多个方面透射出高尚者在把自己干脆感觉为更高等级的人类时所依据的那个基调。固然,在最常见的情况下,他们也许会直接按照他们在权力上的优势来称呼自己(为"有权势者"、"主人"、"统率者"),或者按照这个优势的明显标志,比如自称为"富人","占有者"(这就是arya[④] 的意义;在伊朗语和俄语中的相应词语亦然)。但也会按照

---

① 巴克尔(Henry Thomas Buckle):19世纪英国史家,以《英格兰文明史》(为其未完成的《文明史》之一部)知名,视历史为严格的科学。——译注

② 巴克尔……]参看尼采致彼得·加斯特的信(库尔,1887年5月20日):库尔的图书馆,大概有两万卷书吧,颇给我提供了些有教益的书。我第一次见到巴克尔那本声名远扬的书《英格兰文明史》——真特殊啊!看来,巴克尔先生是我最强的对手呢。——编注

③ 参看科利版第11卷,25[472]。——编注

④ 梵文,即"雅利安"(Arier)。参见考夫曼英译本页注。——译注

某种**典型性格特征**来称呼自己：这一点在此跟我们大有干系。比如他们会自命为“真诚者”：肇始者是希腊的贵族，他们的鼓吹者是 263
麦加拉的诗人蒂奥格尼斯[1]。那个为此造出的单词ἐσθλός[好的、勇敢的]从词根上看是说一个人，他**存在**(ist)，有实在性，他是现实的，是真实的；然后在主格用法中，指作为真诚者的真实者：在概念变形的这个阶段，它成为贵族的标志性和提示性用语，并且完完全全地转化为“高贵”的意思，从而跟**说谎的**平庸男人(蒂奥格尼斯[2]即这样看待和描述后者)划清界限，——直到最后，在贵族衰落之后，这个单词遗留下来，表明灵魂的 noblesse[高贵]，仿佛变得成熟、甘甜了。而在κακός[坏的，丑的]和δειλός[懦弱的、可怜的](与ἀγαθός[优秀的、出身好的、勇敢的]相对的平民)这样的词语中，强调的是懦弱：这也许给出一个角度，人们要循着这个方向去寻找有着多层含义的ἀγαθός[优秀的、出身好的、勇敢的]在词源学上的来历。在拉丁单词 malus[坏](我将μέλας[黑、暗]与之并列)中，平庸男人可能就被表作黧民[3]，首先是指黑发人(“hic ni-

[1] 蒂奥格尼斯]参看迪埃尔编：I，57；71；95；189；429；441；亦参见《善恶的彼岸》第 260 节。——编注[译按：麦加拉的蒂奥格尼斯(Theognis der Megara)：古希腊诗人，诗中有崇尚贵族思想；尼采早年的古典学训练和成就始自对他的研究。编注所引当为恩斯特·迪埃尔等编的文集(*Theognis*, ed. Ernst Diehl, Douglas Young, Lipsiae : in aedibus B. G. Teubneri, 1961)。]

[2] 参见迪埃尔编：I，66—68；607—610。——编注

[3] “黧民”原文为 Dunkelfarbige，直译为“暗色之人”；《说文·黑部》“黔，黎也。……秦谓民为黔首，谓黑色。周谓之黎民。”黎假借为黧。章太炎，《中华民国解》：“黎云、黔云，皆言其黑发也。”——译注

ger est[那人很黑][1]——"），正如意大利土地上的前雅利安住民，他们跟成为统治者的金发人、征服他们的雅利安族的最明显对比就在于颜色；至少盖尔语[2]亦给了我一个完全相符合的例子，——fin（比如在 Fin-Gal 这样的名字中），这个贵族的标志性词语，后来指的是善人，出身高贵者，纯洁者，原义是金发的头，跟黧黑、黑发的原住民相对。凯尔特人，顺便说一下，是一个纯粹金发的种族；把一群本来是黑发的居民所在的那些地带，那些在德国做得分外仔细的人种学卡片上醒目标出的地带，跟无论哪一种凯尔特起源和混血关联起来，就像菲尔绍[3]所做的那样，这是不对的：在那些地带上毋宁是德意志土地上的**前雅利安**居民。（这同样适用于几
264 乎全欧洲：基本上，臣服的种族最终在当地重新占得上风，在肤色和头颅长短方面，也许甚至在知性本能和社会本能方面：谁能给我们保证，现代民主，还要更现代一些的无政府主义，尤其是现在欧洲所有社会主义者所共有的那种对于"公社"[4]、对于史前社会

① 据考夫曼，此系引用贺拉斯的《萨蒂尔》（*Satires* Ⅰ.4，line 85）："那背后诋毁朋友……守不住秘密的人很黑，罗马人啊，慎之慎之！"Nieger 本义为"黑"，亦表"不幸"，此处表示"卑劣"。相反的 candidus 表示清白、漂亮、光洁、诚明、幸福。而贺拉斯还写道（*Satires*，Ⅰ.5，41）"地上所生过的最白的灵魂"（animae qualis neque candidiores terra tulit）。——译注

② 盖尔语是现居苏格兰等地的凯尔特人的语言。——译注

③ 菲尔绍]出处未详。——编注[译按：菲尔绍（Rudolf Ludwig Karl Virchow），当时德国著名科学家，犹精病理学。1869 年创立"柏林人类学、民族学和史前史协会"，曾研究头颅测量学。种族理论与当时的雅利安种族论相左，在 1885 年的人类学大会上指斥"北欧种族神秘论"，认为西欧主要种族皆为混血。政治上他是自由派，提倡社会医疗保障和社区自治，亦属于下面尼采所说的偏好"公社"者。]

④ "公社"（Commune）：源于拉丁文 communis（共同，大多数），后由"巴黎公社"（Commune de Paris）而闻名。在德语中它还可指与"乡社"（Gemeinde）近义的自治社区或行政区划。——译注

形式的偏好,不是主要竟意味着一阵森然的尾音①:——而征服者种族和主人种族,即雅利安人,即使从生理学上看,也是失败者?……)我相信,拉丁语词 bonus[善者]可以解读为“战士”:前提是,我正确地把 bonus[善者]追溯到更古老的 duonus[譱者]上去(试比较 bellum[战]同 duellum[戰]同 duen-lum[作对],我以为其中就带着那个 duonus[譱者])②。由此可以把 Bonus[善者]解读为纷争、对阵(duo[作对])的男人,战斗着的男人:可见,在古代罗马,是什么在一个男人身上成就其“善意”③。我们德语本身的“善”:它的意思莫不该是“神性的男人”,属于“神的世系”的男人?而且与哥特人的族名(原义则是贵族之名)相同?④ 这个猜想的根据在此就不赘述了。——

6

如果最高种姓同时也是教士种姓,因而他们的总体称号会首

① 尾音(Nachschlag):主要作音乐术语用,指颤音结束时或主音之后的装饰音。喻指“现代理念”之诉求是之前的主奴倒置(“主音”)的后续效应而已。——译注

② 此处尼采试图点出 bonus[善人,勇士]之古体 duonus 与 bellum[战斗]之古体 duellum(拆为 duen[二]-lum[词尾])的亲缘关系;译者以“善”之古体“譱”与“戰”分表之,难免穿凿,然亦有说也:善、譱皆从羊,古文像羊角,亦表勇武(《周易》每以羊角象君子),而譱从誩(读若竞,竞言也),戰从吅(读若諠,盖“單”之声旁,亦表纷争),义竟相近,皆表“对立而相争”,与尼采所指的从 duellum 到 duonus 的“概念变形”,若合符节。汉语古文字的造字理据,与尼采的拉丁词源考索工作或不无参证之功,姑拈出以待识者。——译注

③ “善意”(Güte)在德语中同时还有“好的品质”的意思。——译注

④ 德文中的“善”(Gut)、“神(一般)的”(göttlich)和“哥特人”(原文 Gothe,正字法作 Gote)形音相近。——译注

选一个会让人记住种姓之教士功能的称谓，这时，表示政治优先地位的概念便总是融汇到一种表示灵魂优先地位的概念之中：这个规则，眼下还没有例外（尽管有导致例外的动因）。比如，“纯洁”和“不纯洁”最初是作为等级标记而相互对立的；随后，便会有某种不再具有等级意义的“好”和“坏”也在这里发展起来。顺带或许还该提醒一下，不要一开始就把“纯洁”和“不纯洁”这些概念看得太严重、太宽泛，甚或以为是象征性的：较古老人类的一切概念，当其在
265 开端处得到理解时，毋宁说是粗糙、笨拙、浅显、狭隘的，恰恰且尤其是*非象征性的*，其程度超出我们的设想。“纯洁者”在开始时仅仅是一个清洗自己、禁用会落下皮肤病的特定食品、不跟低贱民众的脏女人睡觉、对血有某种厌恶的人，——仅此而已，大体仅此而已！从另一方面看，从本质上是教士的贵族阶层的整个种类中自然就可明白，为什么在这时，恰恰在早期，那些价值对立就可能以一种危险的方式内向化和尖锐化；事实上，那些价值对立最终在人和人之间撕开了裂缝，即使一个精神自由不羁的阿喀琉斯，在跃过这些裂缝时也难免发怵。从一开始，在那样一种教士贵族制中，在那些践位统治、不事操作、有几分酝酿筹划亦有几分感情用事的习性中，从一开始就有某种*不健康的*东西，结果便出现了一切时代的教士几乎都无法摆脱的肠道痼疾和神经衰弱；而他们自己发明出了什么针对他们这种病情的药剂呢？——且不说，这药剂的后遗症最终证明比它所要解治的病情还要危险百倍。全人类甚至现在还患着教士们的这些素朴疗法的后遗症呢！比如，想想一些特定的节食形式（不吃肉），斋戒，节制性事，遁入“荒野”（魏尔·

米切尔式[1]隔绝疗法，当然不算那些后续的增肥疗法和营养加强，已包含治疗苦修理想的所有歇斯底里的最有效的解药）；再想想教士们那种与感官为敌、使人慵懒亦使人机巧的整套形而上学，他们按照苦修者和婆罗门的方式所做的自身催眠——被用作琉璃刹顶和偏执理念的梵[2]——和那种最终的、真是太好理解的普遍餍足， 266
以及根治这餍足的猛药，虚无（或者是神：对某种与神的unio mystica［神秘合一］的向往，就是佛教徒进入虚无的向往，涅槃——仅此而已！）[3]正是在教士这里，万事才变得格外危险，不只是治疗手段和拯救技术，而且高傲、报复、敏锐、放纵、爱、统治欲、美德、疾病也一样；——尽管如此，或许下面这个补充还是不无道理的：正是在这样一种本质上危险的人类此在形式[4]、也就是教士的此在形式所形成的土壤之上，人类一般才成了一种有趣的动物；正是在这块土壤之上，人类灵魂在一种更高的意义上获得深度并且变恶了，——这两点，本来就是迄今为止人类对其他生物之优势的两种基本形式！……

① 魏尔·米切尔（Silas Weir Mitchell）：美国医生，首创禁欲节食的隔绝疗法。——译注

② “梵”原文为Brahman，本梵语，意为“清静”、“洁净”、“无欲”，佛经亦有译为“梵行”者。——译注

③ 真是……］据付印稿：普遍餍足和对某种unio mystica［神秘合一］的向往——或是与神，或是与虚无合 那是同 种向往 。 编注

④ “此在形式”原文为Daseinsform，此为直译，通译可为“生存形式”或“生活方式”。参见《善恶的彼岸》第6节“此在”译注。——译注

7

——人们或许已经猜到，从骑士一贵族阶层的评价方式那里多么容易就分生出教士的评价方式，后者进而再发展成前者的对立面；而每当教士种姓和战士种姓相互嫉恨地对立起来，而彼此谈不拢价钱的时候，又会触发怎样的特殊后果。骑士一贵族阶层的价值判断以为前提的是一副强大的体格，蓬勃、饱满，甚至是泡沫翻腾的健康，以及维持它们所需的条件，战争、冒险、狩猎、舞蹈、战斗竞技，归根到底就是所有包含了强健的、自由的和快意的行为的东西。教士贵人们的评价方式则——我们已见过——有着不同的前提：一旦涉及战争，对他们便相当不利！众所周知，教士是**最邪恶的敌人**——是何缘故呢？因为他们无力[1]。在他们这里，仇恨

267 从这种无力中长成一种庞大森然之物，长成一种最精神性者和最具毒性者。世界历史上最为伟大的仇恨者总是教士，他们也是最富有精神的仇恨者：——相对于教士复仇的精神，其余一切精神从根本上都几乎不值一提。倘若没有这种精神，这种从无力之人中进入历史的精神，人类历史就是一件太过愚蠢的事情了：——我们马上来举一个最大的例子。大地上对“高尚者”、“强暴者”、“主人”、“掌权者”的所有反对，与**犹太人**曾经做出的反对相比，皆不足论：犹太人，那群教士民众，知道最终如何通过一种对其敌人和制

① “无力”原文为Ohnmacht，与Macht（权力）同根，字面意思是“无权力”。——译注

胜者之价值的彻底重估，也就是通过一种**最精神性的复仇**动作，令后者做出赔偿。只有这样才正好适合一群教士民众，这个教士之复仇欲被退缩得最深的民众。当年正是犹太人在反对贵族阶层的价值等式（善＝高尚＝权势＝美＝幸福＝神所爱），敢于以一种震慑人心的推理做出颠倒，并且以深渊般仇恨（生自无力的仇恨）的牙齿牢牢咬住这个颠倒，就是说，“只有悲惨者才是善者，只有穷人、无力者、低贱者才是善者，也唯独受苦难者、匮乏者、病人、丑陋者才是虔诚者，才是上帝所赐福者，福祉只为他们而存在，——相反，你们，你们这些高尚者和强暴者，你们在全部永恒中都是恶人，是残暴者、贪求者、不知餍足者、不信神者，你们永远是无福者、受唾骂者和受诅咒者！”……人们知道，曾经是**谁**留下了这份犹太式的价值重估的遗产……关于犹太人用一切宣战中最彻底的这个宣战所开启的阴森叵测、超出一切尺度的充满厄运的最初一击，我回想起在另一个场合（《善恶的彼岸》第 118 页[①]）已经提到过的那个 268
命题——即，犹太人首创**道德的奴隶起义**：那场留下两千年历史的起义，今天它不在我们的视线之内只是因为，起义——已经胜利了……

8

——然而，这些是你们所不理解的罢？你们的视线达不到某种需要两个千年才获得胜利的东西罢？……这没什么好奇怪的：

① 《善恶的彼岸》，第 195 节。——编注

一切长久事物皆难以看见，难以俯瞰。而那次事件就是这样：从那棵复仇和仇恨的树干上，犹太式仇恨——那个最深沉亦最精巧的，也就是能创作理想和改创价值的仇恨，大地上前所未有的仇恨——的树干上，长出了某种同样是前所未有的东西，一种新的爱，一切种类的爱中最深沉亦最精巧的爱：——它还能从什么别的树干上长出来呢？……人们千万不要以为，它或许是作为对那个复仇渴望的真正拒绝，作为犹太式仇恨的对立面生长起来的！不，真相恰恰相反！这种爱就是从那种仇恨中生长出来的，长成它的冠冕，在最纯洁的明亮和光芒中越张越大的凯旋的冠冕，当仇恨的根迫切地扎入一切有深度和邪恶的东西中去，越来越透彻和贪婪，这种爱仿佛是在光线和高度的国度里，以同样的迫切沉迷于那个仇恨的目标，沉迷于胜利、掠夺、诱惑。这个拿撒勒的耶稣，作为爱的肉身福音，这个把福祉与胜利带给贫穷者、患病者和有罪者的“救世主”——他难道不就是以最阴险和最难以抵抗的形式所施与的诱惑，不就是恰好引向那些犹太式的价值和理想革新的诱拐和
269 歧途么？不就是在这个“救世主”、以色列人表面上的敌对者和分裂者所开出的歧途上，以色列人达到了它精巧复仇欲的最后目标么？以色列人自己必须在全世界面前，把他们真正的复仇工具当作一个死敌那样否认掉，钉在十字架上，从而让“全世界”，也就是以色列的全部对手能不假思索地一口咬上这个诱饵，这难道不算一种真正的复仇（一种长远处着眼、暗地里着手、徐徐图之、预先算计的复仇）大政治所施展的隐密的黑色艺术么？从另一个方面，从精神的一切机巧里，难道还有人自忖设想得出一个比这更险的诱饵么？设想得出某种东西，在引诱、昏眩、麻痹和腐蚀的力量上竟

比得上那个“神圣十字架”的象征,那个述及一位“十字架上的神”的骇人悖论,那种讲述一种不可思议的终极残暴,说神是**为救治人类**而把自己钉在十字架上的神秘教义?……至少可以肯定的是,迄今为止,sub hoc signo[①][匍匐于此符记之下],以色列以它对一切价值的复仇和重估,一再超出其他所有理想,所有**更高尚**的理想凯旋。——

9

——“可是,您还说什么**更高尚**的理想呢!让我们顺应事实吧:民众胜利了——或者说‘奴隶’,或‘群氓’,或‘群盲’,或您爱怎么说就怎么说——这些已经通过犹太人发生了,那就干吧!还从来没有一群民众有这样一个世界历史的布道使命呢!‘主人’被干掉了;平庸男人的道德胜利了。人们可以同时把这次胜利看作一次血液毒化[②](它使种族相互掺杂)——我没有异议;然而这次中毒无疑是**成功**的。对人类世系的救赎(即从‘主人’那里救赎出来)正走在最好的道路上;一切都在眼睁睁地犹太化、基督化或者群氓 270
化(用哪个词有什么关系呢!)。这次贯穿全人类整个肉身的毒化进程,看起来是无法停止的,其节奏和步伐从现在起甚至可以放得

① 盖戏拟拉丁谶语“In hoc signo vinces[以此符记你将征服]”,“此符记”指十字架。相传罗马皇帝康斯坦丁一世在米尔维安大桥战役前行军途中见到太阳中有十字架及述此文义的希腊文符瑞,后得基督托梦,战役据信亦因神佑而得胜,此为基督教成为罗马国教的一大转捩。——译注

② “血液毒化”(Blutvergiftung):现代医学通称“败血症”。——译注

越来越缓慢、精细、悄无声息、审慎周详——人们有的是时间……在这个图谋里，今日的教会还负有什么必然的使命，从根本上说还有什么存在的理由吗？Quaeritur[有此一问]。看来，教会倒是在阻碍和抑制那个进程，而不是加快推进它？如今倒是这个才可能是它的用处……当然了，反抗一种更加细致的知性，一种真正现代的趣味，这简直有些粗鲁而土气。教会难道不应该至少机灵一些么？……它今天太疏远了，以至于不能诱拐了……倘若没有教会的话，我们中有谁还要当自由思想者呢？对抗我们的是教会，而不是它的毒……不考虑教会的话，我们还是喜爱这种毒的……”——这些是一个“自由思想者”对我的谈话所做的收场白，一只实诚的动物，正如他充分暴露的那样，此外是一个民主党人；他直到现在一直在我边上聆听，听到我沉默，他就受不了。也就是说，对我而言，在这个地方有太多东西可以沉默。——

10

道德中的奴隶起义开始于怨恨本身变得有创造力并表现出价值之时：这样一些造物们的怨恨，他们不被允许有真正的反应，即有所作为地反应，而只有通过某种想象的复仇来保护自己不受伤害。所有高尚的道德都是从一声欢呼胜利的“肯定”中成长为自身，而奴隶道德则从一开始就对着某个“外面”说不，对着某个“别
271 处”或者某个“非自身”说不：这一声“不”就是他们的创造行动。对设定价值的目光的这样一种颠倒——这样一种不是回到自身却根据外部而进行的迫不得已的指向——恰恰就是怨恨：奴隶道德，总

是首先需要一个对立和外部的世界，才得以产生，从生理学上讲，它需要外面的刺激才能有所动作，——它的动作从根本上说是反应[①]。高尚的评价方式则是另一种情况：它自发地动作和生长，它找出其对立面只是为了更得力地而快活地说“是的”，——它所用的否定性概念如“低贱”“平庸”“坏”，只是后出的苍白对比图案，好跟肯定性的、浸透了生命和激情的那些基本概念相比较，“我们高尚者，我们善人，我们美好的人，我们幸运儿！”如果这种高尚的评价方式搞错了，对于现实情况严重误判，那么，这是发生在他们认识得尚不充分的领域，他们甚至会有些执拗地抵制对它的现实认知：在这种评价方式所鄙视的领域，即平庸男人、下等民众的领域，它有时会误认；另一方面，即令假定鄙视、俯视、居高而视的情绪伪造了被鄙视者的形象，也应该考虑到，这无论如何还远不如人们把退缩的仇恨、把无力者的复仇施于其对手——当然，是通过象刑[②]——时所用的那种伪造。事实上，鄙视之中混杂着太多的疏忽，太多的不在乎，太多的不注意和不耐烦，甚至是太多的欢快，仿佛真的能够把被鄙视的对象变形为怪样和丑物。人们或许确实不该忽略那些几乎是善意的在辞色方面的精微闪烁，比如希腊贵族在每一句话里都会用上这样的辞色闪烁，他们以此使自己迥然区别于下等民众；一直夹杂着一种遗憾、顾虑、谅解，弄得微微发甜，到了最后，在说到平庸男人时，所有话语便只剩下“不幸”“令人遗 272

① “反应”原文为 Reaktion，与“动作”（Aktion）同根，字面意思为“反动”。可参看第二篇第 11 节“主动性”译注。——译注

② “象刑”原文 in effigie，字面义为“在形象中”，指欧洲历史上一种象征性刑罚：焚烧或绞碎罪犯之肖像，中国古称“象刑”。——译注

憾”的表达（试比较一下δειλὸς［懦弱的］，δεὶλαιος［无价值的］，πονηρός［卑贱辛苦的］，μοχθηρὸς［苦不聊生的］[①]，最后两个词其实表示劳动奴隶和驮载牲口）——而从另一方面来看，对希腊人的耳朵来说，“坏”“低贱”“不幸”从来都回响着同一个言外之音，带着同一种音色，主要的意思是“不幸”：这便是古老高贵的贵族阶层评价方式的遗韵，这种评价方式即使在蔑视时也不假以辞色（语文学家们在这里或许会想起，οἰζυρός［叫苦连天］[②]，ἄνολβος［运势不佳］，τλήμων［苦命］[③]，δυςτυχεῖν［命运不济］，ξυμφορά［不走运］这些词在什么样的意义上被使用过）。“出身良好者”感觉自己就是“幸运儿”；他们用不着通过瞥一眼他们的敌人，才做作地构造出他们的“幸运”，用不着在某些时候说服，甚至是骗取（就像一切怨恨之人所习惯的那样）人们相信他们的“幸运”；同样，作为饱满的、洋溢着力量从而必然能动的[④]人，他们知道，行为与幸运不可分离，——在他们这里，有作为必然地被归入幸运（εὖ πράττειν［顺遂］[⑤]即源于此）——所有这些，皆与无力者、被压迫者、因为怨毒和敌意而起溃疡者所处的水平之上的那种幸运截然相反，在这些人这里，幸运本质上是作为麻醉、迷醉、宁静、和平、“安息日”、放松心情和舒展肢体，简言之，是被动地出现的。当高尚的人自信开朗

---

① 这几个词在括号中所标语义之外皆同有“可怜”“苦命”之义。——译注

② 据戴瑟尔，该词前缀“Οι”表示对痛苦的感叹，整日多苦而多呻唤者即为οἰζυρός。——译注

③ 据戴瑟尔，该词词根τληναι表示忍受，必须忍受者即为τλήμων。——译注

④ “能动的”（aktive）即“行动”（Aktion，agieren）的形容词形式，通译为“积极的”。——译注

⑤ εὖ πράττειν本义为“干得好”，但同时有“运气好”之义。——译注

地自己面对自己而生活的时候（γενναῖος，“贵胄”既有强调“率直”的精微之意，亦有“天真”之意），怨恨之人却既不率直，也不天真，自己对自己也不开诚布公。他的灵魂是歪的；他的精神喜爱蛰藏的暗角，潜逃的暗道和后门，一切阴匿之物都让他满心感到，这是他的世界，他的安全，他的乐土所在。他擅长沉默，不忘怀，等待，暂时将自己渺小化，暂时地侮辱自己，这样一个怨恨之人的种族最终必然比无论哪一个高尚种族都更聪明，他们也将在一个完 273
全不同的程度上推崇这种聪明：即推崇为一个头等的生存条件，而在高尚的人这里，聪明却很容易散发出奢华和机巧的精细味道：——正是在他们这里，聪明远非那么本质性的，它是使调节性的无意识本能得以充分发挥的保障，甚至是一种特定的不聪明，是那种冲向危险或冲向敌人的勇往直前，或者是那种由愤怒、爱、敬畏、感激与复仇所引起的突发痴狂。高尚的人本身亦有怨恨，当其发生之时，就在一次立即反应中充分地发作出来、消散开去，而无所毒害：在另一方面，在无数个例子中，在弱者和无力者会不可避免地发生怨恨的情况下，高尚的人却根本无所怨恨。甚至对他的敌人、他所遭受的事故和胡作非为[①]也不长久地耿耿于怀，能做到这个——是强健饱满的天性的标志，在这样的天性洋溢着塑造、模仿、痊愈的力量，并且也是造就遗忘的力量（现代世界的一个好例子就是米拉波[②]，此人对施加于他的凌辱和下作毫无记性，他之所

① “胡作非为”原文为 Untathen，字面义为“非行动”，暗示这些胡作非为来自奴隶无能的反抗。——译注

② 米拉波伯爵（Honoré-Gabriel Riqueti，count de Mirabeau）：法国革命时期温和派代表，有意调和皇室与民众而未果。——译注

以不能原谅只是因为他——忘记了)。在其他人那里会掘穴潜匿的那许多蠕虫,一个这样的人一抖就把它们从身上抖掉了;唯独在这里,才有可能存在着,假定大地上到底还是可能存在——真正的“对自己敌人的**爱**”。一个高尚的人在他的敌人面前,竟已怀着多少敬畏呵!——而一种这样的敬畏,竟已是一座通向爱的桥梁……他确实在为自己而渴望敌人,以之为自己的标记,他确实只瞧得上一个这样的、不可蔑视而**大**可敬畏的敌人![1] 与此相反,有的人却
274 在想象“敌人”,那种怨恨之人就在这样构想——而他的行为、他的创造也就在于此:他构想出了“邪恶的敌人”“恶人”,并且是构想为基本概念,由此出发,他又设想出一个“善人”作为残像[2]和对立方,也就是——他自己!……

11

也就是说,在高尚者那里情况正好颠倒过来,他会预先自发地,亦即从自身出发去构想出“好”这个基本概念,由此才为自己造出一个关于“坏”的表象!这样一种起源很高尚的“坏”,和那种从没喂饱的仇恨的烧锅中酿出来的“恶”——前者乃是一个附带创造,一个顺便,一道互补色;后者则相反,是本原,是开端,是构想一种奴隶道德的真正**行为**[3]——“坏”和“恶”,这两个与貌似是同一

① 他……]参看《查拉图斯特拉》第一部“战争和战士”。——编注

② 残像(Nachbild):视网膜长时间注视某种图像后产生的后遗反应,会生成残留原图的摹像,有同色亦有反色的;此处尼采当以反色残像(“负残像”)喻之。——译注

③ “行为”原文为 That,在德语中本义为“作为”,亦有“罪行”的意思。——译注

个概念的“善”之反义词，是多么的不同呵！但那并不是同一个“善”的概念。人们或者毋宁该自问，在怨恨道德的意义上，“恶”的到底是谁。十分严格的回答是：就是另一种道德里的“善人”，就是高尚者、有权势者、统治者，只不过是经由怨恨的毒眼被染了色，转了义，变了模样。在这里，我们至少想拒绝一点：谁若只把那些“善人”当作敌人来认识，他所认识的也无非是些恶魔[①]，而这样一些是恶魔的人们，他们是那么严格地受限于礼俗、崇拜、习气、感激，更多地还是受限于相互的警惕、同侪争胜的嫉妒；而另一方面，在彼此相处的行为方式中，在顾虑、自制、体贴、忠诚、自豪和友谊方面他们又显得如此花样百出，——他们是冲着外部去的，冲着接壤于陌生之物和陌生之地[②]的地方而去，与出柙的食肉动物相去无多。他们在那里享受着摆脱了一切社会强制的自由，他们在荒野中保护自己不受共同体中的紧张的伤害，那种紧张在共同体的和平中造成长久的封闭与隔阂，他们返回到食肉动物良心的无辜里， 275
成为欢欣鼓舞的巨怪，也许在一连串丑恶的凶杀、焚烧、亵渎、拷掠之后，能够带着一种骄恣与灵魂的平衡悠然离去，仿佛只是要够了一场学生闹事，还确信诗人们现在又有了可以长期吟唱传颂的东西了。所有这些高尚种族，根性里错不了都是食肉动物，都是堂皇

① “恶魔”原文为 böse Feinde，语带双关：其字面义是“邪恶的敌人们”，本义为“魔鬼们”。——译注

② “陌生之地”，原文作“**die** Fremde”，既可解作“陌生之地”，亦可解作“异国女子，陌生女人”，尼采着重标示阴性冠词，当兼指后者。——译注

地垂涎尾随于猎物和胜利果实之后的金毛野兽[①];而这个暗藏着的根性时时需要释放,动物一定要再出来,一定要再回到荒野:——罗马、阿拉伯、日耳曼和日本的贵胄们,荷马时代的英雄们,斯堪的纳维亚的维京人们——这样一种需要,他们全都是一样的。高尚种族,就是其所过之处皆可见到“野蛮”概念的种族;即使在他们最高等的文化中,仍然会流露出这方面的一种意识,一种自负(比如伯里克利在那篇著名的墓前演讲中对他的雅典同胞们说:“我们的果敢开出了通向一切邦国和海洋的道路,无论好歹[②],随处立起了不朽的碑石[③]”)。高尚种族的这样一种果敢,如其所展露的,如狂如痴,突如其来,这种甚至于他们的功业不可预测、未必可成的东西——伯里克利[④]特加表彰了雅典人的ῥαθυμία[轻松[⑤]]——,他

① 据付印稿:“金毛野兽”;参见迪特列夫·布伦内克,《金毛野兽。论一个关键词的误解》,载《尼采研究》第5卷(1976年),113—145页。——编注[译按:“金毛野兽”原文为blonde Bestie,多有译为“金发野兽”者,易让人联想到种族学说。考夫曼及上引布伦内克皆认为这不是一个种族主义的表达,所指原型当为追踪猎物的狮子。]

② “无论好歹”原文为“im Guten und Schlimmen”,“(im) Sclimmen”[歹]在这里既指恶劣的情势,亦指意图之凶恶。——译注

③ 我们……]修昔底德:《伯罗奔尼撒战争史》Ⅱ,41。——编注

此处据德文译出;现有中译本作:“因为我们的冒险精神冲进了每个海洋和每个陆地;我们到处对我们的朋友施以恩德,对我们的敌人给予痛苦;关于这些事情,我们遗留了永久的纪念于后世。”(修昔底德:《伯罗奔尼撒战争史》上册,谢德风译,商务印书馆,1985年,133页。)——译注

④ 参见修昔底德:《伯罗奔尼撒战争史》Ⅱ,39。——编注

⑤ “轻松”,考夫曼引用高默(A. W. Gomme)对该词的注释:“其原义为‘心情轻松’,‘毫不以为意’……但在特定的环境下,心情轻松则变为粗心、懈怠、轻慢:狄摩西尼斯(Demothenes)就用以指责雅典人rhathymia[轻率]……”。伯里克利原话作:“我们是自愿地以轻松的情绪来应付危险,而不是以艰苦的训练[……]”,参见修昔底德:《伯罗奔尼撒战争史》上册,谢德风译,商务印书馆,1985年,132页。——译注

们对安全、身体、生命、舒适的漠然和不屑，他们在所有毁灭中、在战胜后的所有淫乐和残忍中所得乐趣的那种令人骇然的明朗和深湛——所有这一切，在为这些罹受苦难的人们那里，皆归入"野蛮人"和"恶魔"的形象中去，比如"哥特人"和"汪达尔人"的形象。德意志人一旦掌有权力便会激起的那种深深的冷冷的不信任（现在
又是这样）——一直都还是那次不可磨灭的惊骇的余音，曾经有几 276
个世纪之久，欧洲带着那种惊骇观看过金毛的日耳曼野兽[①]们的暴烈（虽然，在古日耳曼人和我们德意志人之间，几乎没有任何概念上的亲缘关系，更不用说血缘了）。有一次我曾经提醒人们注意赫西俄德在构思黄金、白银、青铜的文化年代顺序时的尴尬[②]：荷马那个如此壮丽却又同样如此骇人听闻、如此残暴的世界给了他一个矛盾，他不知道如何去消除，只有把一个年代做成两个，使之前后相继——一个是特洛伊和忒拜的那些英雄和半神的年代，那些高尚的世系在记忆中所保留的世界就是这样，他们自家先王就源自于彼；然后是青铜年代，在那些被践踏者、被掠夺者、被虐待者、被拖曳者、被买卖者的后代们看来，那个世界就是这样：一个由青铜铸成的年代，如前所述，坚硬、冷酷、残忍，没有情感与良心，一切皆磨为齑粉，抹以鲜血。假定，倘若现在被信为"真理"的东西不

① 金毛……]据付印稿："金毛的日耳曼野兽"。——编注

② 有一次……]参看《曙光》189节；赫西俄德：《工作与时日》143—173行。——编注[译按：赫西俄德把人类史分为黄金世系、白银世系、青铜世系、英雄世系和黑铁世系，此处尼采所谓"把一个年代做成两个"即指后二者，然其所指"青铜年代"(das eherne Zeitalter，Zeitalter von Erz)非赫西俄德所以名之者，而当作黑铁世系(Eisernes Geschlecht)。]

论如何竟是真的，**全部文化的意义**恰恰就是，从“人类”这种食肉动物中培养出一种驯顺的文明动物，一种**家养动物**，那么毫无疑问，所有那些帮助羞辱和强暴高尚世系的反应本能与怨恨本能，必将
277 被看作真正的**文化工具**；但这可不是说，那些本能的**托载者**[①]们本身同时亦对文化有所表现。而毋宁说，相反的情形倒还差不多——不！今天已经是有目共睹了！这些托载着诸种低贱拂逆和复仇若渴的本能的东西，欧洲和非欧洲的所有奴隶阶层，尤其是所有前雅利安人住民的后代们——他们表现的是人类的**退步**！这些“文化工具”是人类的一个耻辱，更确切地说，是一个让人从根本上猜疑和反对“文化”的论据！人们消除不了对一切高尚种族根子里的那只金毛野兽[②]的恐惧，对它分外提防，这完全是对的：不过，相对于**不**恐惧却又在不恐惧的同时摆脱不了那些长坏了的、渺小化的、枯萎了的和受了毒害的东西的恶心景象，谁不是百倍地宁愿要那种同时尚允许有所惊叹的恐惧啊？而那景象不正是**我们的**厄运么？是什么造成今日**我们**对于“**人类**”的反感呢？[③] ——因为我们**罹受着**人类[④]，这一点毋庸置疑。——**不是**恐惧；而毋宁说，对于人类我们再也没有什么好恐惧的了；而毋宁说，“人”这种蠕虫已经

---

① “托载者”原文作“Träger”，同时还有“搬运工”的意思，与前文的“工具”(Werkzeug)，后文的“奴隶”相呼应。——译注

② 金毛野兽〕据付印稿：“金毛野兽”。——编注

③ 此句中两个加重了的“我们的”和“我们”指的是上句中那个宁愿要恐惧者，跟为了不恐惧而忍受“不高尚种姓”的“人类”相对。——译注

④ “罹受着人类”原文为 **leiden** am Menschen，指如忍受病痛、苦难般地忍受人类。——译注

爬上并且是蠢蠢簇集于前台了；而毋宁说，“驯化人”、中等得无可救药的人和令人不快的人本身已经学会觉得自己就是目标和顶峰，是历史的意义，是“高等人类”；——当然，只要他觉得自己与那些长坏了的、患病的、疲惫的、生命消耗殆尽的到处涌出的人们（今日之欧洲已经开始闻得出这种臭味了）还保持着距离，他就有一定的理由这样去觉得自己，从而觉得自己是至少相对长得算好的、至少还有生命力的、至少还对生命说着“是”的人……

12

——在此，我禁不住一声叹息，忍不住冒出一个确信的念头。那个恰恰让我完全不能忍受的东西是什么呢？是那个我唯一对付不了的、令我窒息而饥渴欲死的东西？是恶浊的空气！恶浊的空气！是某种长坏了的东西在凑近我；是我必须嗅进某种长坏了的灵魂的内脏气味！……除了这个之外，对困窘、匮乏、坏天气、久病、劳累、孤独又有什么不能忍受的呢？从根本上说，如果生来就
要过一种潜行于地下的拼搏生活，那么就对付得了恶浊空气以外 278
的一切东西；人们总会反复地来到光明之中，将反复地体验到他们胜利的黄金时刻，——到那时，他们会像生来就是的那样过着，不可摧毁，紧张，为新的、更沉重的、更遥远的东西做着准备，将如同一张弓，一切困窘都只不过把他们绷得更结实一些。——而时不时地，我竟幸而蒙受了——假定在善恶的彼岸是天上的女恩主们（himmliche Gönnerinnen）——一道目光，一道只投在某种完满的、最终长好了的、幸运的、强大的、凯旋的，还有某些地方令人恐

惧的东西之上的目光，竟投在我身上了！投到一个为**此**①人类辩白的人身上，投到人类的一个补偿性和救赎性的幸运事件上了，因为这个事件，人们可以巩固**对人类的信念**②了！……因为，现在情况是这样的：欧洲人的渺小化和平衡化中藏着**我们的**最大危险，因为这幅景象令人疲倦……今日我们看见的是虚无，它想要变得更大，我们预感到，它还要一直向下，向下落去，落到更单薄、更和善、更聪明、更惬意、更中庸、更无所谓、更中国式和更基督教式的东西中去——人类，无疑将变得越来越“好”……欧洲的厄运就在这里——带着对人类的恐惧，我们也失却了对他们的爱，对他们的敬畏，对他们的希望，当然也还失却了要成为他们的那个意志。人类的景象今后是令人疲倦的——今日，虚无主义不是**这个**，还会是什么呢？……我们对**人类**厌倦了……

13

——但还是让我们回过头来：回到关于“善”的**另一种**起源的问题，关于善人的问题，怨恨之人是如何设想出这种人的，这个问题亟待论定。——羊羔们对大型食肉猛禽怀恨在心，这并不奇怪：
279 没有道理的却是，去责怪大型食肉猛禽叼走小羊羔。③ 如果羊羔

---

① “此”原文为den，定冠词表独一无二者。——译注

② 付印稿此处删去如下内容：求一个未来的意志。——编注

③ 羊羔们……]参看《查拉图斯特拉》第四部，“忧愁之歌”第三节；《狄奥尼索斯颂歌》“只有傻子！只有诗人！”。——编注

们私底下说道,“这些食肉猛禽是恶的;谁若尽可能地比猛禽差,最好是它的对立面,是一只羊羔,——那么,难道它不就是善的么?”像这样去树立一个理想,是无可指摘的,甚至那些食肉猛禽们对此也将略带嘲笑地瞥上一眼,也许它们将对自己说:“**我们**对它们毫不怀恨,这些好羊羔们,我们甚至爱它们哩:没有比一只温柔小羊羔更美味的东西了。”——指望强势**不**把自己表现为强势,指望它**不**是一个制服意愿,一个压倒意愿,一个成为主人的意愿,一个寻求敌手、抵抗和凯旋的渴望,这恰恰跟指望弱势表现为强势那样,是悖谬的。一个分量的力就是一个这般分量的冲动、意志、作用——毋宁说,不折不扣地,它就是这样一份同等的冲动、意愿、作用本身,只是在语言(以及理性那僵化在语言中的基本谬误)的诱导下,才显得好像不是这样;语言的诱导把一切作用理解和误解为受着某个作用者、由某个“主体”[①]的制约。也就是说,正如民众把闪电和它的照耀分开而把照耀当作**行为**(*Thun*),当作一个叫作闪电的主体的作用,与此完全相同的是,民众道德也把强势和强势之表现区分开来,仿佛在强势后面还有一个置身局外的基底,**任由**它**随意**表现出或者不表现出强势。可是没有这样一个基底;在行为、作用、生成后面没有“存在”;“行为者”[②]仅仅是因为那个行为才被追加撰述出来的,——行为是一切。民众根本是把行为双重化了,

① “主体”(Subjekt)在其拉丁字源中义为“置于……之下”,与下句的“基底”(Substrat)近义。——译注

② 德语中,正如“行为”(That)兼表“作恶、犯罪”,“行为者”(Thäter)亦兼表“作案者、罪犯”。——译注

如果说闪电照耀了，那就是做行之行为：同一个事件，一下被设为原因，一下又被设为其作用。那些自然研究者也好不了多少，他们说“力推动了，力作为原因导致”，而同样，——我们的整个科学，尽
280 管它是那样地冷静，那样地不受情绪干扰，却也处在语言的诱导下，没有摆脱那群被调了包的怪婴[①]，那些“主体”[②]（比如，原子就是一个这样的怪婴，跟它相同的还有康德的“自在之物”）：如果那些消退了、暗中闪烁的复仇和憎恨情绪为自己利用了这些信念，并且从根本上甚至比对一切信念都更加炙热地秉持那个信念，即*任由强者随意*，成为弱的，成为让食肉猛禽自由支配的羔羊，这有什么好奇怪的：——它们倒确实由此在自己这里赢得权利，要食肉猛禽为它们是食肉猛禽而负责……如果被镇压者，被践踏者，被强暴者，从无力却渴望复仇的狡诈出发，劝自己说：“让我们不同于那些恶人吧，也就是说，成为善的！而善人即每个不施强暴、不伤害任何人、不去攻击的人，每个不报复而将复仇托付给上帝的人，每个像我们一样把自己隐藏起来、为一切恶让开道路、对生命所望至微的人，每个跟我们这些有耐心者、谦卑者和公正者相像的人。”——冷静而不带成见地听来，这其实无非是在说：“我们弱者就是这样弱；如果我们不去做*我们未足以强健得可以做的*那些事，就是好的”——可是，这种酸涩的实情，最低等级的这种聪明（甚至连昆虫

① “[那群……]怪婴”原文作“Wechselbälge”，字面义即“被调包的宝宝”，原指民间传说中被恶灵调包后产下的丑恶畸形的婴儿。——译注

② “主体”原文为复数，它同时还有“臣民”“受命者”之义，在科学中又指“科目”“（研究）主题”，在经济法律领域指“作用发生者”，就“误导”的语言而言，它还指“主语”。——译注

都有这种聪明，它们在遇到重大危险为了不做得“太多”而装死），已经借助无力状态下的那种造假和自身丧失，把自己包裹在那种放弃的、阒寂的、观望的美德衣饰之中，仿佛弱者的弱势本身——亦即他的**本质**，他的作用，他整个唯一的、不可避免和无法去除的现实性——可以是一项自愿的成就，是某种由他所意愿、所选择的东西，一次**行为**，一番**功业**。这个种类的人出于某种自保自是的本能，**迫切**需要那种中立可选的“主体”，每个谎言都惯于在那主体中把自己神圣化。也许主体（或者，说得更流行一些，**灵魂**）之所以是 281
到现在为止大地上最好的信条，是因为他使一切种类的终有一死者、弱者和被镇压者中的绝大多数，可以玩那种微妙的自欺，把弱势本身解读为自由，把他们如此这般的存在解读为他们的**功业**。

14

——有人想要稍微俯视一下那个秘密，看看人们怎样在大地上**制作**[1]**理想**么？谁有这样的勇气？……来吧！这里对着这个昏暗作坊的视野很开阔。再稍等片刻，我的狂徒先生和莽汉先生：你们的眼睛先要习惯这种闪烁着的虚假光线……好了！可以了！您现在说吧！下面发生了什么事呀？您，有着最危险的好奇心的男人，说出您看到的东西吧——现在，**我**来当听众。——

——“我什么也看不见，听到越来越多的东西。是从各个角落

① “制作”原文 fabriziert，专指在作坊或工厂中进行的生产制作。——译注

里汇成的一阵悄然潜匿的低沉的窃窃私语。听上去是有人在撒谎；每个声响都粘着一点甜甜的和气。弱势应该被谎称为功业，毫无疑问——看来事情就像您说的那样。”——

——接着说！

——“而无所报复的无力，被谎称为‘好意’；胆怯的卑微，被谎称为‘谦恭’；在为人所憎恨者面前的屈服，被谎称为‘顺从’（也就是顺从于一个据他们说在命令着这个屈服的他，——他们称之为上帝）。弱者的无所冒犯，他所富有的卑怯（Feigheit）本身，他的侍立门外，他不可避免的恭候义务，在这里有了好名称，被谎称为‘耐心’，也完全可以被叫作**唯一的**（*die*）美德；不能复仇被叫作不愿复仇，也许甚至被叫作谅解（‘因为他们所做的，**他们**不知道[①]——**他**
282 **们**所做的，唯有我们才知道！’）。还谈到‘对敌人的爱[②]’——谈得流汗[③]。”

——接着说！

——“他们是悲惨的，毫无疑问，所有这些窃窃私语者和角落里的伪币制造者，不管他们蹲在一起是不是就暖和了——不过他们对我说，他们的悲惨是上帝的一个选择和一个嘉奖，人们只揍自己最喜欢的狗；也许这个悲惨也是一次准备，一次考验，一次训练，也许还不止如此——是某种将来会还清并且是利息高得吓人地以

① 因为……]《新约·路加福音》第23章第34行。——编注

② 对敌人的爱]《新约·马太福音》第5章第44行。——编注

③ 谈得流汗]参看《查拉图斯特拉》第二卷“学者”。——编注

金钱,不!以幸福偿付的东西。他们称之为‘福祉’[①]。”

——接着说!

——“现在他们要我明白,他们比那些有权势者、大地的主人们、他们要舔其口水(可不是由于恐惧,完全不是由于恐惧!而是因为上帝吩咐,要尊敬一切居高位者[②])的那帮人不仅更好——他们不仅仅更好,而且也‘更命好’,不管怎样总有一天会更命好。可是够了!够了!我再也受不了了。空气很差!空气很差!这些人们制作理想的作坊呀——据我之见,撒谎撒得发臭了。”

——不!慢着!您还没有说到这些黑术士们[③]的杰作呢,他们从每一样黑中生产白、奶和无辜:——您没有注意到,他们精巧地完成的是什么东西,他们那最大胆、最精细、最机灵、最富于谎言的艺人的手腕?请您注意!这些满怀仇恨和憎恨的流浪动物们——他们从仇恨和憎恨中弄出来的可都是什么东西啊?您可曾听过这些话?只要信了他们的话,您哪会想得到,您是处在十足的怨恨之人当中呢?……

——“我懂了,我再竖起耳朵听一次吧(呸!呸!呸!鼻子可

① “福祉”原文为 Seligkeit,和合本圣经或译为“救恩”,《新约·提摩太后书》第 2 章第 10 行,“所以,我为了选民事事忍耐,为使他们也能得到那在基督耶稣里的救恩和永远的荣耀。”——译注

② 参见《新约·罗马书》第 13 章第 1 行。——编注

③ “黑术士们”原文 Schwarzkünstler,通义为“魔法师”,字面义为“黑色艺术家”,它在早期德意志传说中可指浮士德,并指涉着浮士德的双重身份:作为变戏法者和印刷技师。后者所用技术又称“黑色艺术”(Schwarzkunst),盖用刮刀等工具在铜面上打出一层均匀的淡黑底色,故下云“从每一种黑色中生产”。参见《布罗克豪斯图文百科全书》2004 版及《迈耶尔辞典》1905 年版。——译注

得捂住)。现在我才听见,他们说了这么多是在说些什么:‘我们好人——**我们是正义者**!’——他们所期望的,他们不称为报复,而是
283 称为‘**正义**的凯旋’;他们所憎恨的,不是他们的敌人,不!他们憎恨‘不正义’,‘不信上帝’;他们所信仰和希望的,不是复仇之希望,复仇的甜蜜沉醉(——荷马[1]就已经把复仇称为‘比蜂蜜还甘甜’了),而是上帝的胜利,**正义的**上帝对不信上帝者的胜利;大地上剩给他们所爱的,不是他们的憎恨中的兄弟,而是他们‘爱中的兄弟’[2],照他们的说法是,大地上所有好人和正义者们。”

——而他们又是怎么称呼那个用作抵御生命所有苦难的慰藉之物——他们那个前定的未来至福的幻术?

——“怎么?我没听错吧?他们把它叫作‘末日审判’,他们的国度,‘上帝之国’的到来——他们不过是**暂且**生活‘在信仰中’,‘在爱中’,‘在希望中’[3]。”

——够了!够了!

15

是在对什么的信仰中?在对什么的爱中?在对什么的希望

[1] 荷马]《伊利亚特》第18章109行。——编注[译按:据编注所引,荷马所言当非“复仇”,而是阿喀琉斯之怒:“还有愤怒(Χόλος),它使聪明的人陷入暴戾,/它进入人们的心胸比蜂蜜还甘甜,/然后却像烟雾在胸中迅速鼓起。”(《伊利亚特》,罗念生译,《罗念生全集》第五卷,上海人民出版社,2004年,第464页。)]

[2] 爱中的兄弟]《新约·帖撒罗尼迦前书》第3章第12行。——编注

[3] ‘在信仰中……]《新约·帖撒罗尼迦前书》第1章第3行。——编注

中？——这些弱者们——也就是说，他们也想有朝一日成为强者，他们的“国度”在有朝一日的某个时候到来——在他们那里，如上所述，就直接把它叫作“上帝的国度”：真是处处谦恭！就是为了体验这个国度，必须活得长久，超过死亡，——不错，人们必须有永恒的生命，由此也就能够在“上帝的国度”中为那段“在信仰中，在爱中，在希望中”的尘世生活挽回损失。为什么要挽回损失？怎么样挽回损失？……但丁，据我之见，是犯了一个严重的错误，当他以令人骇异的坦荡在那扇通往他那个地狱的门上写下那句铭文的时候，“永恒的爱也创造了我[①]”：——在那扇基督天堂及其“永恒至福”的门上，无论如何可以有更好理由题上这样的铭文：“永恒的恨 284
也创造了我”——假定在通往谎言的门上可以题上真理的话？……我们也许已经猜中了；不过更好的是确凿地引用一位在这些事物上不可低估的权威，托马斯·阿奎那[②]，伟大的学者和圣徒。“Beati in regno coelesti”［那些得享天国之福者］，他说，柔弱得像只羊羔，“videbunt poenas damnatorum, ut beatitudo illis magis complaceat”［将看见受诅咒者所受的惩罚，这样他们的福乐就更让他们高兴］[③]。或者，如果人们想在一种更强大的调式下听到这

① 永恒……］《神曲·地狱篇》第三章，第5—6行。——编注［译按：现有中译本作：“神圣的力量、最高的智慧、本原的爱/创造了我。”（但丁：《神曲·地狱篇》，田德望译，人民文学出版社，1990年，第16页。）“我”当指地狱。］

② 托马斯·阿奎那］《彼得·隆巴〈四部语录〉注释》第四集第五十部第二题第四节。——编注

③ 考夫曼注引另一种相关出处：“为使圣人更喜乐，也愈感谢天主，天主赏赐他们完美地看见恶人的刑罚。”参见圣托马斯·阿奎那：《神学大全》第十七册补编94题第一节，中华道明会/碧岳学社，陈家华等译，2008年，第357页。——译注

个，比如从一位欢呼凯旋的教父口中，他把他的基督徒们劝离那些残忍的淫乐——为什么呢？“信仰确实给了我们更多东西，”——他说(《论观剧》，第 29 章及以下)，“——*强大得多的东西*；借助救赎，会有完全不同的诸般快乐供我们享用；替代竞技者的，有我们的殉道者；如果我们意愿血，现在，我们有了基督的血……然而只有当他归来和凯旋的那一天，我们会有何等的东西可以期待啊——”然后这位出神的天眼通(Visionär)继续说道，“是的，还有其他的景象：末日审判，那些民族所意想不到的日子，他们所嘲弄的论点，当世界随着年岁而老迈，它所有的造物都将消融在一场大火之中！那时涌入眼中将是一场多么宏伟的景观呵！那里激发起我的赞美的，会是什么啊！又是什么会惹出我的嘲弄？怎样的景象会让我欢乐？会振发起我的狂欢？——当我看见那么多杰出的君主，曾经宣示众人将会进入天堂的，现在却跟大神朱庇特他自己一起，在最深的黑暗中呻吟，而那些曾经见证其狂欢的人们也一样；追查过基督徒名册的官长们(行省总督们)也一样，呻吟在比他们当初夸耀着向基督的追随者们放出的那些大火更加猛烈的火里。此外，还有怎样一些世界的智者，就是那些哲学家们，事实上，他们曾经教导门人说，神对月下世界的一切皆了不关心，他们惯于叫人确信，要么他们没有灵魂，要么他们再不会回到死亡时所离开的那些身体上，现在他们都在那些可怜的被蛊惑者们面前被羞耻所笼罩，当火焰吞噬他们的时候！还有诗人，不是在拉达曼提斯或迈诺斯[①]的判席前，而是在未曾意料到的基督的判席前颤抖！到

① 拉达曼提斯(Lhadamanthus，宙斯和欧罗马之子)，迈诺斯(Minos，克里特岛国王)皆列冥府三判官。——译注

那时，我该有更好的机会听见那些悲剧家在他们自己的惨祸中大喊大叫（声音越美，叫得越凄厉）；看见那些戏剧演员们，在荡平一 285
切的烈焰中再‘荡’一些[1]；观看那些赛车手，在他们的烈焰战车里通体烤红；注视那些摔跤手们，不是在他们的操练场上，而是在滚滚热浪中翻腾；除非就是到那个时候，我都不会关注这样一些犯罪的祸首们，在我的热切愿望里，我宁愿盯着那些向我主叫嚣泄愤的人们，百看**不厌**。‘这’，我要说，‘这就是那个匠人或卖身者的儿子（从这里开始，下文皆然，尤其是这一段传自《塔木德》的对耶稣母亲的称呼，德尔图良意在向犹太人说话。[2]），那个不守安息日者，那个撒马利亚人和附罪者，你们从犹大那里买到的是他！你们用棒和拳抽打、轻侮地摔过耳光、吐上尖酸毒辣的言辞的，就是他！就是他，你们说是被他的门徒们悄悄偷走，这样就可以说他又复生了，或者骗开了警卫，这样他的莴苣[3]就可以不受朝圣人群的伤害！’什么样的官员或祭司们会慷慨地赏给你们这样一些景象，**让你们在这样一些事情上狂欢**呢？而甚至就在现在，我们在一定程度上已经**因着信**在精神想象中已经享有这些了。但是那些眼睛所未曾见到、耳朵所未曾听到、人心甚至未曾朦胧想见的，会是些何等的情形啊？（《哥林多前书》第2章第9行）无论是什么，那些，我相信，比竞技场、那两种戏剧（第一或第四等级，或者照其他人的看

---

① “荡”原文为 solutiores，考夫曼注：“另一种译法是‘肢体更加柔软’。”——译注

② 考大曼注云：“Quaestuaria 不是指匠人，而是妓女。参见尼采此处的按语。”此处他把 Quaestuaria 译为 Hireling［出卖身体、气力者］。——译注

③ “莴苣”（lactucae）所指未详，疑喻指耶稣的尸体。——译注

法，悲剧和喜剧的舞台）和一切赛马节目更加高贵。”[①]——Per fidem[因着信][②]：就写下了这些。

① 这段所引德尔图良《论观剧》(*de spectac*)原文为拉丁文，括号中则为尼采所加德语按语。因篇幅过长，乃移原文于下：At enim supersunt alia spectacula, ille ultimus et perpetuus judicii dies, ille nationibus insperatus, ille derisus, cum tanta saeculi vetustas et tot ejus nativitates uno igne haurientur. Quae tunc spectaculi latitudo! **Quid admirer! Quid rideam! Ubi gaudeam! Ubi exultem** , spectans tot et tantos **reges** , qui in coelum recepti nuntiabantur, cum ipso Jove et ipsis suis testibus in imis tenebris congemescentes! Item praesides persecutores dominici nominis saevioribus quam ipsi flammis saevierunt insultantibus contra Christianos liquescentes! Quos praeterea sapientes illos philosophos coram discipulis suis una conflagrantibus erubescentes, quibus nihil ad deum pertinere suadebant, quibus animas aut nullas aut non in pristina corpora redituras afirmabant! Etiam poëtas non ad Rhadamanti nec ad Minois, sed ad inopinati Christi tribunal palpitantes! Tunc magis tragoedi audiendi, magis scilicet vocales in sua propria calamitate; tunc histriones cognoscendi, solutiores multo per ignem; tunc spectandus auriga in flammea rota totus rubens, tunc xystici contemplandi non in gymnasiis, sed in igne jaculati, nisi quod ne tunc quidem illos velim vivos* , ut qui malim ad eos potius conspectum **insatiabilem** conferre, qui in dominum desaevierunt. „Hic est ille, dicam, fabri aut quaestuariae filius, sabbati destructor, Samarites et daemonium habens. Hic est, quem a Juda redemistis, hic est ille arundine et colaphis diverberatus, sputamentis dedecoratus, felle et aceto potatus. Hic est, quem clam discentes subripuerunt, ut resurrexisse dicatur vel hortulanus detraxit, ne lactucae suae frequentia commeantium laederentur.“ Ut talia spectes, **ut talibus exultes** , quis tibi praetor aut consul aut quaestor aut sacerdos de sua liberalitate praestabit? Et tamen haec jam habemus quodammodo **per fidem** spiritu imaginante repraesentata. Ceterum qualia illa sunt, quae nec oculus vidit nec auris audivit nec in cor hominis ascenderunt? ——译注

* vivos]当为 visos 之误读，莫里斯·德·甘迪拉克在其评论中已注意到：参见尼采：《哲学全集》(德文据批判全集版[KSA])，《善恶的彼岸·论道德的谱系》，巴黎，1971 年，第 392 页以下。奥维贝克于 1887 年 6 月将包含此部分的抄本寄到塞尔斯·马利亚给尼采，已佚。——编注

② 《新约·罗马书》第 3 章第 28 行，“所以我们认定，人称义是因着信(justificari hominem per fidem)，不在于律法的行为”。——译注

16

我们可以下结论了。“好和坏”“善和恶”这两对相互**对立**的价值，在大地上打了一场可怕的、长达数千年的战斗；尽管后面这一方价值[①]肯定很久以来就处于优势，但直到现在，战斗还在某些方面不分胜负地继续进行。甚至有人可以这样说，这场战斗在此期间已打得越来越高明，并同样打得越来越深刻，越来越精神性了： 286
以至于在今日，“**更高等的天性**[②]”、更精神性的天性的最具决定性的标志也许就是，它在那样一种意义上是分裂的，它对那样一种对立来说其实就是一个战场。一篇历经全部人类历史而迄今仍然可以读懂的文字记载了这场战争的象征，叫作“罗马对犹大[③]，犹大对罗马”：——迄今最伟大的事件莫过于**这一场**战斗，**这一个**质问，**这一对**至死相敌的矛盾。罗马在犹太人中看到某种东西，有如反自然本身，仿佛是跟他们处于相反一极的畸形（Monstrum）；在罗马，犹太人被公认“**罪在**对整个人类世系的憎恨[④]”：这是有理由的，因为人们有理由把人类世系的救治和未来系于贵族价值、即罗

---

① “后面这一方价值”指“坏”与“恶”。——译注

② “天性”原文为 Natur，引号中亦可译为“更高级的自然”。——译注

③ 犹大（Judäa），或译为“犹太地”、“朱迪亚”，指南巴勒斯坦由犹大支派建立的王国，基督教之发源地，耶稣时属罗马帝国的叙利亚行省；亦可表示建立此王国的犹大部族。——译注

④ 罪在……］参看塔西佗：《编年史》15 卷 44 节。——编注［译按：编注所引为对当时基督徒的指责；据戴瑟尔，对犹太人的类似指摘见于塔西佗：《历史》第五章（5）。按，此说似在古代世界流传甚广，可参见塔西佗：《历史》，王以铸等译，商务印书馆，1985 年，第 335 页注⑤。］

马价值的绝对统治。相反地，犹太人对罗马有什么感受呢？有千般迹象可以揣知；但只要再回顾一下约翰启示录[①]就够了，回顾一下在一切形诸文字的向良心复仇的发作中最狂暴的那次发作。(顺便说一下，基督教本能地用爱的使徒的名字为这本书冠名，并把那部为人所钟爱而痴迷的福音归于这同一位使徒，可别低估这种本能在深处的逻辑连贯性——：这里隐藏着一块真理，无论曾有多少文献出于这样的目的被伪造出来。)罗马人确实是强健和高尚的，比他们更强健和更高尚的，迄今大地上从来未曾有过，甚至从来未曾想见过；跟他们有关的每件遗物、每段铭文皆令人迷醉，假定人们猜得到上面写的是**什么**。犹太人则倒过来，是怨恨的教士民众中的最优秀者，具有一种无与伦比的民众性和道德性之天分：人们只要把有着相似禀赋的民众，比如中国人[②]或德意志人跟犹太人比较一下，就可以体会到，什么是第一流的，什么是第五流的。

287 他们中哪一方是暂时**胜利**了呢，罗马还是犹大？而无可置疑的是：人们该考虑一下，在今日罗马本土，他们是在谁跟前、把它当作一切最高价值的总体而向它鞠躬呢——不只是在罗马，而是几乎在一半的大地上，在所有人类已经或者愿意变得驯顺之处，——是在**三个犹太男人**跟前，众所周知，和一个**犹太女人**(拿撒勒的耶稣、渔夫彼得和织毯工保罗和前所称耶稣者之母、名为玛利亚者)。这是相当值得注意的：无可置疑，罗马被压倒了。固然，在文艺复兴中，

① 《新约》最后一章，和合本径作"启示录"；天主教思高本作"若望默示录"，内多述末日大难和天国景象。约翰(若望)是十二门徒中"为主所钟爱的门徒"，故下文又称爱的使徒。——译注

② 中国人]付印稿：印度人。——编注

古典理想、对万事万物的高尚评价方式又光芒万丈地重新生长了一次:在那个新的、在它上面建立起来的犹大化了的新罗马的推动下,罗马本身像一个被重新唤醒的假死者一样动着,这个新罗马呈现出一个普世犹太会堂[1]的面貌,叫作“教会”:但是很快,借助于那场彻头彻尾群氓性的(德意志和英格兰的)怨恨运动,人们称之为改革的那场运动,再加上必然由此导致的教会的重生——亦是古典罗马墓前的死寂的重生,犹大又一次获胜了。通过法国大革命,在一种甚至比当时更加决定性和更加深刻的意义上,犹大又一次战胜了古典理想:欧洲尚存的最后的政治高尚,在第 17 和第 18 的法**兰西**世纪中,崩溃于民众所喜欢的怨恨本能之下,——大地上从未听到过比这次更为盛大的欢庆和更为喧哗的激动!虽然,此间其中发生了最阴森叵测、最不可逆料之事:古典理想本身**有血有肉**地以闻所未闻的壮丽走到人类的眼睛和良心跟前,——又一次,面对怨恨所发那句古老的谎言口号,**大多数优先**,面对要降低、贬
低、取平衡的意愿,面对着让人类下落、落向黄昏的意愿,比以往更 288
强健、更单纯、更迫切地奏响了那句可怕的、令人痴狂的反对口号,**最少数人优先**!犹如朝着那**另一条**道路的最后一次指示,拿破仑出现了,那个比向来有过的都更加孤单而晚生的人,和那个在他身上具成肉身的关于**自在的高尚理想**的问题——人们真该考虑一下,这是**怎样**一个问题:拿破仑,这个**非人**[2]和**超人**的综合体!

---

① “普世犹太会堂”中“普世”(ökumenischen,本指作为一个整体的全世界基督徒及其组织),与“犹太会堂”(Synagoge,指特定犹太社区及其教堂)构成形容词矛盾的修辞。——译注

② “非人”原文为 Unmensch,此为直译,德语中指“不通人情之人,忍人”。——译注

17

——事情就这样过去了吗？所有对立之理想中最伟大的那一对，就这样终讫了吗？或者只是延迟了，长久地延迟了？……难道，那场古老的烈焰，不会必定不知何时又一次突然燃烧起来，烧得更加严重得多和长久得多吗？而且：会不会是**这个**，才值得用尽一切力量去盼望呢？甚至是去意愿？甚至是去支持？……谁在这个地方开始，像我的读者们那样，跟着和接着去思考，都很难对此一下做个了断，——我则有充分的理由自己来做个了断，前提是，我所意愿者，我用那句危险的口号恰恰想要的那个东西，已经彻底澄清了，这口号专为我最后一本书而作：《**善恶的彼岸**》[①]……这当然**不是**说“好和坏的彼岸。”——

附注：我感到，这第一篇给了我机会，得以对一个迄今我只是在与学者的随机谈话中有所表述的愿望，做出公开和正式的表达：但愿有某家哲学系用系列学院有奖征文来奖掖推进这种**道德历史学**的研究吧：——这本书也许正是在这个方向上助了强劲的一臂之力。鉴于此种可能性，下面这个问题可纳入建议：这个问题理应
289 受到语文学家和历史学家们，以及已树立志业的真正哲学学者们的注意。

---

① 《善恶的彼岸》原文为 Jenseits von Gut und Böse，更通达、更符合此处语境的译法是“超越于善恶之外”“无关乎善恶”。唯“彼岸”之说已成通译，故从众。下句“好和坏的彼岸”即“无关乎‘好坏’”。——译注

“对于道德诸概念的发展历史,语言科学,特别是词源学研究提供了何种指示?”

——另一方面,当然同样也必须争取生理学家和医学家对这个问题(关于迄今为止那些价值评估的价值)的参与:在这一点,在专业哲学家成功地把哲学、生理学和医学之间那种在起源上如此乖张和可疑的关系在极友好和极富成果的交流中重新塑造过之后,就可以委任他们,在这种个别的情况下也充当代言人和中介人。事实上,历史或人种学研究所知的一切财富表[①]、一切“你应该”,首先需要的无论如何不是心理学方面,而毋宁说是生理学方面的启发和阐述;一切皆有待从医学科学方面做出批判。这个问题:这样或那样的财富表和“道德”有何价值?应该放到尽量歧异的视角下来看;尤其是,人们可能没有足够精细地把“对什么有价值?”这个问题剥离开来。比如,某种对于某种族尽可能赓续的能力(或是对于提升某种族对某种特定气候的适应力,或是对于维持最大数量)会有明显价值的东西,在事关培养出一个更强健类型的情况下,或许就完全不具有同等的价值。最大多数人的福利和最少数人的福利是相对立的价值视点:自在地以为前者有着更高的价值,且留待英国生物学家们的质朴吧……从今而后,所有科学都不得不为哲学家的将来使命做预先的准备工作:对这个使命我是理解到这个程度的:哲学家不得不去解决价值问题,他不得不去确定价值的等级顺序。——

① “财富表”亦可译为“善值表”,参见《善恶的彼岸》第193节。——译注

291 第二篇 “亏欠”①、“坏良心”② 及与此相关者

1

教养一种**可以去许诺**的动物——就人类而言，这不正是自然加诸自身的悖谬使命吗？这不是真正的**属于**人类的问题吗？……谁若越是知道充分估量相反的作用力量，即**健忘**的力量，便越会觉得惊讶，此问题竟在一个很高的程度上得到了解决。健忘并非如肤浅者以为的那样，纯然是 vis inertiae[惯性]，而毋宁说是一种积极的和肯定（在这个词最严格的意义上）的阻碍机能，亏得这个阻碍机能，只要是被我们体验、经验和吸收了的东西，就处在消化状态（可以称之为“化入灵魂”③），很少进入我们的意识，跟我们身体摄食（就是所谓的“化入肉身”④）时所进行的那一整个千回百转的

---

① “亏欠”原文为 Schuld，兼有“罪责”“债务”二义。——译注

② “坏良心”原文为 Schlechtes Gewissen，通译“良心不安”；尼采以此欲矫正一般从道德角度看良心之安宁或不安的看法，独指“罪负”意识乃自怨恨之人所发明的品质恶劣的“良心”而来。参见《善恶的彼岸》第 214 节“好良心”注。——译注

③ “化入灵魂”原文为 Einverseelung，盖为尼采所生造。——译注

④ “化入肉身”原文为 Einverleibung，本义为“吸收、同化”。——译注

进程一样。意识的门窗时不时地闭合；我们热心服务的器官们在
地下世界彼此相反或相成地工作时的喧哗与争斗，始终不曾被照
亮；从而，意识的一小段寂静，一小块白板，一再为新来者，尤其是
为更高尚的功能和职能[①]，为治理、预见、谋划（因为我们的有机体
是安排成寡头制的）腾出地方——如前所述，这乃是积极健忘的用
处，它仿佛一位守门人，灵魂秩序、安宁和礼节的一位维护者：由此 292
立刻可以想见，在何种程度上，没有健忘便可能没有幸福，没有明
朗，没有希望，没有自豪，没有当前[②]。身上这种阻碍器损坏和中
断了的人，可以和一个消化不良者相比较（而且不只是比较——）
他什么都对付不“了”[③]……恰恰是这种必然健忘的动物，在它们
身上，健忘表现出一种力量，强健的健康状况的一种形式，然后它
养成了一种相反机能，一种记忆，借助此记忆健忘会在特定的情况
下被叫停，——也就是在应该被许诺的情况下：这因而决不是对某
个一度刻下的印象的消极的不能放下，不仅仅是对一度被应许却
没有得到了结的诺言的郁积不化，而是一种积极的不愿放下，是对
一度意愿过的东西的某种再接再厉的意愿，是一种真正的意志记
忆：以至于一个由新颖陌生的事物、形势，乃至意志行动所组成的
世界，竟可以不待思索地被嵌放到那个原初的“我意愿”、“我将做”
和意志的真正释放即意志之行动当中去，而同时意志的这条长长

① “功能和职能”原文为 Funktionen und Funktionäre。——译注

② “当前”原文为 Gegenwart，字面义为“相对而守候”，与前述“守门人”（Thürwärterin）因“wart”（守，候）而同根；由它而来的形容词 gegenwärtig 则有“记得”的意思。 译注

③ 对付不“了”原文为 wird... nicht »fertig“，双关语，既指“对付不了”，也指“了结不掉”。——译注

锁链却没有崩断。而这个又要有怎样的前提呵！为了在这样一种程度上占有未来，人类首先必须怎样地学习啊，学习区分必然的和偶然的事件，按因果律思考，把久远视为当前，并预先设立何为目的、何为达到此目的之手段，从根本上说就是必须能够计算和估算，——为此，为了最终能够照某位许诺者所做的那样，把自己**当作未来**加以担保，人类自身必须怎样预先变成**会算计的**、**合规则的**、**必然的**啊！

293

2

这正是关于**责任**[①]之来源的久远故事。那种任务，即教养一种可以许诺的动物的任务，正如我们已经领会到的那样，包括了那个作为条件和预备的较切近的任务，即首先把人**弄**得必然、形式单一、在同类中相同、合乎规则，达到一定程度，从而弄得可以估算。那项与我称之为“礼俗德教”者（参见《曙光》第 7、13、16 页[②]）有关的阴森叵测的工作——在人类世系最漫长的时间段中人类自己对自己所做的真正工作，他的全部**史前**工作，其意义，其伟大的正当性，皆在于此，无论其中包含了多少强硬、霸道、麻木和胡言乱语：人类在礼俗德教和那些社会缧绁(Zwangsjacke)的帮助下，被**弄得**确实可以估算了。面对这种情况，如果我们站到这个阴森叵测的进程的终点，站到这棵树最终结出果实的枝端，在社群及其礼俗德

① “责任”原文为 Verantwortlichkeit，法律上亦指“责任能力”，亦与尼采所究心的人类基本的契约关系相关。——译注

② 《曙光》第 9、14、16 节。——编注

教最终崭露之处（社会只是到达这一步的手段）：那么，我们就会发现在社群之树上最成熟的果实是全权自主的个体[①]，他自成一类，重又逸出礼俗德教之外（因为“自治”和“礼教”是相互排斥的），简言之，就是有自己独立而长久的意志的人，可以许诺的人，——其中有一种自豪的、在所有肌肉中颤动的意识，对那个于此最终赢得的、在自己内部化为肉身的那个东西的意识，一种真正的权力意识和自由意识，一种根本上的人类的完满感。这个变得自由的人，这个真正可以许诺的人，这位意志自由的主人，这位全权自主者——他应该还不知道罢，他因此会以一种怎样的优势，遥遥领先于一切不足以许诺者、不足以为自己担保者，他唤醒了多少信任，多少畏惧，多少敬畏——此三者皆为他所“应得”[②]——而且随着这种对 294
自身的统治，那种对形势的统治，对自然和所有意志短浅者以及不可信赖的生物的统治，也将怎样必然被放到他的手中啊？这种“自由”的人，一个长久的、未被摧毁的意志的秉有者，正是在此秉有中有其价值尺度：他从自己这里向其他人望去，或是尊敬，或是蔑视；对于那些与他同类者，对于那些强健者和可信赖者（他们可以许诺），——也就是每个像一个全权自主者那样去许诺的男人，许诺得沉重、稀少、缓慢，吝惜自己的信任，他的信任便是表彰，把自己的诺言当作某种可以信托的东西给出，因为他知道自己强健得足以在即使面对事故、“面对命运”时也信守这些诺言——：对每个这

① “全权自主”(souveraine)本指“有最高主权或绝对治权”，多用于形容国家或元首，能行此权者亦即下文所称“全权自主者”(Souverain)，通指绝对君主。——译注

② “应得”原文作“verdient”，既有“应得、值得”，又有“赚得、赢得”的意思。——译注

样的男人，他必定尊敬，正如对那些羸弱轻夸、其人不足以许诺而许诺之辈，他必定随时准备着揣上一脚，给那些话尚未出口已为其所食的撒谎者，他必并随时准备好戒尺。这种自负的对于责任特权的知晓，对于这样一种稀有的自由、这样一种对自身及命途所负权力的意识，在他这里，已经潜到最深的底层，已经成为本能，统治性的本能：——他会怎样称呼它，称呼这种统治性本能呢，假定他不得不在自己这里对此给出一个说法？毋庸置疑：这位自主之人会称之为他的良心[①]……

3

他的良心？……可以料到，我们在这里所遭遇的那个处在其最高的、几乎是陌生的扩张形态中的"良心"概念，其背后早有一段很长的历史和形式嬗变。可以为自己担保，而且为之自豪，也就是
295 对自己可以说是——如前所述，这是一颗成熟的果实，不过也是晚熟的果实：——这颗果实必须粗粝生涩地在树上挂多久啊！而且还有一段更加长久得多的时间，是从这样一颗果实上看不出来的，——哪怕可以确定，树上一切都已经准备好，都只为这颗果实而生长，也没有人可以就此作许诺，——"怎样给人类动物搞出一个好记性？怎样给这种半是迟钝半是轻躁的瞬间知性（Augenblick-Verstande），这种肉身的健忘状态铸进什么东西，使它始终

① "良心"（Gewissen）的字面义是"已然知晓之事"，对应上文所说的对责任之特权的"知晓"和对自由、权力的"意识"。——译注

记得？”……这个亘古的问题，可以想见，不是以温柔的答案和手段得到解决的；也许，人类的全部史前史之可怕和阴森叵测者，莫过于人的**记忆术**。“人们烙进某些东西，让它留在记忆里：只有那些**疼痛**不止的，才留在记忆里”——这是从大地上最最古老（不幸也是最最长久）的心理学中得到的一个基本法则。甚至得说，现在大地上人类和民众的生活中，凡是尚有庄敬、严肃、奥秘、幽暗色彩的地方，皆是某种与恐怖相关的东西的**后续作用**，早先，大地上的许诺、担当和赞扬到处都是以这种恐怖被给出的：当我们变得“严肃”时，便是那个过去，那个最长、最深、最硬的过去，在向我们哈气，在我们内部鼓胀。如果人类认为有必要给自己造成某种记忆，则从来没有不流血、不受折磨、不作牺牲就可以过关的；那些最令人毛骨悚然的牺牲和当品（第一批牺牲即属此类），那些最令人反胃的残害（比如阉割），所有宗教祭礼最残忍的仪式（宗教最底下的根子里无不是残忍的体系）——这一切的根源都在于那样一种本能，那本能猜到，提高记忆术的最强手段即在疼痛之中。在某种意义上，全部苦修皆可归结于此：一些理念应该被弄得不可磨灭，随时记得，应该被牢牢“执”住，目的是通过这些“偏执理念”对整个神经和 296
智力系统进行催眠——而那些苦修的程序和生活形式是手段，为的是使那些理念从跟所有其余理念的竞争中脱颖而出，使之“不可忘却”。人类越做不到“记忆清楚”[1]，他们习俗的这个方面就越是可怕；刑法的强硬特别提供了一个标准，表明人类付出了何等辛劳

① “记忆清楚”原文为 bei Gedächtnis，据克拉克-斯文森，此盖为尼采仿照“头脑不清楚”（nicht bei Verstand，nicht bei Sinnen）的自造之辞。——译注

以战胜健忘，使这些情绪和欲念的瞬间奴隶们能将社会性共同生活的一些原始要求铭记于当前[①]。我们德意志人肯定不会自认为是一群特别残忍和硬心肠的民众，更加不会自认为是一群特别轻率、过一天算一天的民众；可只要看一看我们的刑罚条款便可明白，要在大地上教养出一群“思想者民众”[②]（我想说：是唯一从中还能找到最大限度的信赖、严肃、不讲趣味和实事求是的欧洲民众，凭这些特性，这群民众有资格去教养所有种类的欧洲官人[③]）需要多少辛劳。这些德国人以可怕的手段使自己有了记忆，从而驾驭于自己群氓的基本本能和粗暴的笨拙之上：想想古德意志惩罚吧，比如石刑[④]（——传说中就有磨盘落在有罪者的头上[⑤]），轮刑[⑥]（德意志天才在惩罚领域最本色的发明和特产！），以尖木桩投刺，用牲口撕扯或踩踏（“四分刑”[⑦]），把罪犯放到油或者酒里煮

① “当前”（gegenwärtig），参见上节“当前”注。——译注

② 据克拉克-斯文森，“思想家与诗人的民族”这句对德意志民族的著名描述当源自德·斯塔尔夫人的《论德国人》（*De l'Allemagne*）。——译注

③ “官人”原文为 Mandarin，出自梵语，原义为“下命令者、顾问”（见布罗克豪斯图文百科全书 2004 年版），16 世纪西洋人对中国高级官员的称呼，在现代德语和英语中又指“官话”；通译“满大人”，然易误解为与“满清”相关。——译注

④ “石刑”（Steinigen），众人将受刑者投石砸死，最早见于《旧约》，尼采所指者盖古日耳曼人的风俗。——译注

⑤ 据克拉克-斯文森，尼采此则与此段中关于中古刑法的材料皆源自阿尔伯特·赫尔曼·波斯特：《基于比较族群学的普遍法学预备考察》，奥登堡，1880 年，第一卷，第 192 页以下。按：阿尔伯特·赫尔曼·波斯特，德国法律人类学和法律族群学的先驱，是第一位研究非洲及其他土著民族的法律状况的学者。他这部今已被遗忘的著作的第一卷，尼采曾通篇圈注。——译注

⑥ “轮刑”（Rädern），中世纪刑罚之一，将受刑者四肢生生以轮击碎，将其身体缠绕于轮辐之中，悬轮于木桩上待死。波斯特言此刑为德意志部族所独有。——译注

⑦ “四分刑”（das „Vertheilen“），殆类似吾国所谓“五马分尸”者。——译注

(在 14 和 15 世纪还有)，还有很受青睐的剥皮(“剪皮带”[①])，从胸口把肉切下；当然还有这样的做法，把做坏事的人涂上蜜，烈日下扔给苍蝇。在这样一些情形和过程的帮助下，人们最终在记忆中 297
留住五六样“我不会”，他给出了对这些“不会”的*许诺*，以在社会的成见中生活下去，——而且，下面这点可是真的！在这样一种记忆的帮助下，人们最终会“达到理性”！——哈，理性，严肃，对于诸般情绪的驾驭，这整个阴暗的事情，被叫作思索[②]，人类的所有这些特权和瑰宝：它们昂贵的卖价多么合算哪！在所有“好事物”的根底里有多少血和战栗啊！……

4

而其他那些“阴暗的事情”，对罪负的意识，那整个“坏良心”，又是怎么来到世界上的呢？——在此我们回到我们的道德谱系学上来吧。再说一次——还是我根本还没说到这一点？——它们毫无用处。自己那一截五拃长的纯然“现代”的经验；没有对过去的知识和求知欲；更没有历史学的本能、一面在这里恰恰必需的“第二张脸”——却还要去搞道德史：其结论最终跟真相处于一种颇为别扭的关系，便是情理之中的事了。这些迄今为止的道德谱系学家们可曾哪怕是遥遥梦见过如下这些说法，比如说，把“罪负”这个基本道德概念的起源追溯到那个非常物质化的“负债”概念上去？

① “剪皮带”(das „Riemenschneiden“)从罪犯身上剪切下带状皮肤，亦欧洲中古刑罚之一种。波斯特将之与亚述和中国古时的剥皮刑相比。——译注

② “思索”原文为 Nachdenken，字面义为“之后思考”。——译注

或者，惩罚，作为一种**报复**(*Vergeltung*)，竟是独立于一切自由或不自由的意志而发展完善的？后面这一点还考虑到这样一个程度，即这里毋宁总是首先需要一个**高等**的人类化阶段，“人”这种动物在这个阶段上才会开始弄出那些原始得多的差别如“故意”、“过失”、“偶然”、“有责任能力”以及这些差别的对立，并且在措置惩罚
298 时将这些考虑在内。那个现在如此廉价、表面上如此自然、如此不可避免的思想(它曾经必定是被用来解释正义感到底是如何在大地上出现的)，以为“罪犯应受惩罚，**因为**他本来可以不这样做的”，其实是人类判断和推理的一个相当迟才达到的且确实颇为机巧的形式；谁把这个形式错放到那些开端上，就粗疏地误解了更古老人类的心理状态。人类历史上那段最长的时期，自始至终从**未**有过惩罚，**因为**人们让那些始作恶者为他的行为负了责，也就是说，并不基于罚当其罪这一前提：——而毋宁说是，就像现在父母在惩罚他们的孩子时还是的那样，只是把对某个所遭受损害的怒气发泄在损害者身上，——而这种怒气因为如下这种观念而受到限制和调和：任何一种损害都在某个方面有其等价物，确实能够被偿还，哪怕是通过损害者的某种疼痛。这样一个远古的、根深蒂固的、也许现在再也不可消除的观念，损害与疼痛相等的观念，其力量来自何处呢？我已经猜到了：来自**债权人**和**债务人**之间的契约关系，这关系跟自古的“权利主体”一样古老，其本身则可以追溯到买、卖、交换、通商贸易这些基本形式。

5

然而，根据一开始所作的说明就可以想见，对这样一种契约关系的回想，唤起的却是针对那种创设或者认可这一关系的更古老人类的种种蔑视和反对。就是在这里有**许诺**了；就是在这里，重要的是要给那个许诺者**弄出**一个记忆；就是在这里，可以这样猜测， 299
首次发现了强硬、残忍、苛细。欠债者，为了给他偿还的诺言注入信任，为了给他诺言的严肃与神圣提供一个保证，为了在自己这里把偿还作为义务和职责向良心反复叮咛，便借助一份契约的力量，把自己尚且“占有”、尚可处置的某种东西，给予债权人，作为对不还债的情况下的担保，比如他的身体，或是他的女人，或是他的自由，或是他的生命（或者在特定的宗教设定下，甚至是他的至福、他灵魂的得救，最后甚至是他在墓中的安息：在埃及就是这样，债务人的尸身即使在墓中对债权人也不得安息[①]，——当然也正是在埃及人这里，这样一种安息是颇为重要的）。尤其是，债权人可以对欠债者的身体施以一切种类的侮辱和折磨，比如从其身上割下跟所欠债务显得大小相当的东西：——早先，从这样一个视点出发，到处都有对各个肢体和身体部位的确切的、有时惊人地精细化

① 据克拉克-斯文森，此处为引约瑟夫·科勒尔的《作为文化现象的法：法律比较学导论》第18—19页：“如果债务人没有自动将罚金交给债权人，则他必须把他自己抵押给债权人。他抵押他的身体，他的自由，他的名誉，他抵押他的血亲，他的社会地位，他甚至抵押他灵魂之救赎……”，以及“如果债务人死了，那么人们会伤害其尸身；埃及人有这种不让债务人在坟墓中安息的风俗……”。着重号部分均为尼采所标注者。按：约瑟夫·科勒尔（Jesef Kohler）比波斯特稍后，亦为法律人类学的先驱。——译注

了的估价，**公正**的估价[①]。当罗马的十二铜表法规定，在某种此类案例中，债权人割下的是多还是少并无干系，“si plus minusve secuerunt, ne fraude esto”[如果他们割下的多了或少了，亦不为罪][②]，我把它当作进步，当作更自由、计算得更远大、**更具罗马特性**的法律立义的证据。让我们搞清楚这整个补偿形式的逻辑吧：它可是够怪异的。等值物是这样给出的：承认债权人可以某种**快感**(Wohlgefühl)作为偿付和补偿，以代替某种直接与损害相抵的得利(即代替某种以钱、土地、财产所作的任何一种补偿)，——这种可以肆意施加其权力于某个失去权力者之上的快感，这种“为了
300 作恶的快乐而作恶[③]”的淫乐，这种在强暴中的享受：债权人在社会秩序扎根越深，级别越低，这种享乐就受到越高的评价，可能很容易被他以为是最美妙的品尝，没准以为是对某个更高等级的预先品味。借助于对欠债者的惩罚，债权人分享了某种**主人权利**：最终他也达到一次高升的感觉，可以把一个活物当成一个“自己下面

① 据克拉克-斯文森，此引波斯特：《基于比较族群学的普遍法学预备考察》，第1卷，第334页以下，其中举例说明，若犯约者应偿付之肢体已有损伤，则其人应付出相应数目的牲口或鞭打以弥补之。——译注

② 此处拉丁文出自古罗马的十二铜表法，原文见第三表债务法第六条：“至第三个市集日，债务人得被砍切成块。至于砍切大小，则并不归罪于他们。”据世界著名法典汉译丛书编委会编，《十二铜表法》，法律出版社，2000年，第12页。——译注

③ 为了……]参看普·梅里美：《致陌生女子的信》巴黎，1874年，第1卷，第8页；相同引用见《人性的，太人性的》1878年版第50节。——编注[译按：梅里美原文作：“一般原则：永远别把女人当作知心人；你迟早会后悔。同样注意：为了作恶的快乐而作恶，没有什么事比这更为普遍的了。去掉你那些乐观主义的观念，好好地想一想，我们在这个世界上，是为了与一切作战。在这个问题上，我告诉你，我有一个认识古埃及字的朋友，曾对我说，在埃及人的木棺上常常可以读到这两个词：生活，战争；这就证明，我刚告诉你的格言并不是我发明出来的。”]

的”来蔑视和虐待——或者至少，在真正的刑事暴力、惩罚实施已经被让渡给“当局”的情况下，可以轻蔑和施虐地**观看**。也就是说，补偿就在某项对残忍的许可令和权利状中。——

6

道德的概念世界，“亏欠”、“良心”、“义务”、“义务之神圣”，其发源地就在**这个**领域，即在债法中，——它的开端，正如大地上一切伟大事物的开端一样，是用血彻底而长久地浇灌出来的。是不是可以不用再补充说，那个世界的根柢上从来就没有完全断过血和刑具的气味？（甚至在老康德那里也没有：绝对律令闻着就很残忍……）同样是在这里，那个阴森难测的、也许已变得最无法分离的理念连环锁（Ideen-Verhäkelung）“亏欠与苦难”首先勾连在一起。再问一次：苦难在什么时候会是一种对“亏欠”的补偿？在**造成**苦难带来快感的时候，在被损害者用一种超乎寻常的还施彼身来交换损失（包括损失造成的不快）的时候：**造成**苦难，——是一种真正的**节庆**，如前所述，这种事跟债权人的等级和社会地位越是相悖，价格就越高。这些是猜测之言：因为这种台面下的事物很难放 301
到台面上来看，且不说它很难堪；谁这当儿把“复仇”这个概念笨拙地扔到中间来，则与其说使这个见识更容易懂，不如说把它变得隐蔽和朦胧起来（——复仇本身恰恰是回到了那个相同的问题：“造成苦难何以能是一种满足呢？”[①]）。尽全力地让自己对之设身处地想象，直到那**残忍**造就古老人类的伟大节日欢乐的程度，宛如几

① 本身……］改自：就此而言只是一种调味品，一种佐料，它不是那种享受的本质所在。——编注［译按：此则编注未注明出处。］

乎他们的每种欢乐成分都搅拌进去了，在我看来，这跟驯顺的家养动物（我想说的是现代人类，是我们）的细谨、更跟他们的那种伪善相违背；另一方面，他们对残忍的需要在出现之时，又是多么质朴，多么无辜，那种“无动于衷的恶意”（或者用斯宾诺莎的话说，那种 sympathia malevolens［恶意同情］[①]）是多么根本地被他们设定为人类的**正常**特性——：从而设定为某种良心发自内心地对之说是的东西！在一双更为深沉的眼睛看来，对这样一种最古老而又最彻底的节庆欢乐，也许到了现在还有足够的感受；在《善恶的彼岸》第 117 页以下（更早是在《曙光》第 17、68、102 页[②]），我已经谨慎地指出过那种持续发展的残忍的精神化和“神化”，此二者贯穿了（并且在某种重大的意义上说，甚至是造就了）较高等文化的整个历史。无论如何，还不是很久以前，人们还不能设想，恢宏的王侯婚礼或民众节庆上会没有处决、拷打或者比如一次异端审判[③]，同理，没有一个高贵的家族会没有些能供人们肆意发泄恶意和残忍嘲讽的东西（——可以回忆一下比如公爵夫人宫廷中的堂吉诃德[④]：今天我们是带着舌头上的苦味、几乎有些受罪地阅读整本
302 《堂吉诃德》，而对它的作者及其同时代人来说，这是非常奇怪、非常阴暗的，——他们是良心十足安宁地读的，认为是最开朗的书，

① 据克拉克-斯文森，当出自斯宾诺莎：《伦理学》第三部分命题 32，“假如我们想象着，只有一个人能够单独占有之物，为某人所享受，则我们将尽力使他不能占有那物。”——译注

② 《善恶……］《善恶的彼岸》197 节以下；《曙光》第 18、77、113 节。——编注［译按：据考夫曼，尼采所标第 117 页当为第 177 页之误，实当对应第 229 节。］

③ “异端审判”原文为 Autodafé，出自西班牙语，原义为“信仰行为”，指对异端的公开宗教审判，包括游行、祈祷等公开仪式，后多以火刑而闻名。——译注

④ 参见《堂吉诃德》下卷第 30 章以下，尤其是第 44 章。——译注

他们对着它简直是笑得要死[①])。观看苦难有快感，造成苦难更有快感——这是一条强硬的法则，却是一条更古老、更强大、更加人性一太人性的基本法则，顺便说一下，它也许也在猴子那里已经被认可了：因为据说，它们对多般诡异的残忍的设计，已经是对人类丰富的预告，仿佛是在“预演”了。无残忍则无节庆：最古老、最长久的人类历史如此教导——且在惩罚上亦有如许多的可欢庆者！——

7

以这些思想，顺带说一句，我绝不是想要帮助我们的悲观主义者们，在他们那个刺耳的、吱吱作响的生命之厌烦的磨盘上浇上新水；相反，这些思想应该已经确切证明，当时，当人类尚不以其残忍为耻之时，大地上生命比悲观主义者所在的今日更加明朗。当人类在人类面前滋生出羞耻之时，人类顶上天空与之俱增地越见阴郁。那疲惫的悲观主义目光，那对生命之谜的不信任，对生命之恶心所吐出的冰冷的不——这些不是人类世系的那些最邪恶年代的标志：而毋宁说，当它们所属的那个沼泽形成的时候，它们才，作为沼泽植物，出现于白昼光线之中，——沼泽指的是那种病态的柔弱化和道德化，“人”这种畜牲因此最终学会耻于他的一切本能。在朝着“天使”(这是为了不使用一个更强硬的词)的路上，人类喂养着那个腐烂的胃和那个长苔的舌，通过这样的胃与舌，不但动物的

① ——可以……]参看科利版全集第8卷，23[140]。——编注

303 欢乐和无辜变得令他反胃，而且生命本身也变得没有味道了：——以至于他有时自己对着自己捂住鼻子，跟诺森三世[①]一起，反感地列出一份令自己作呕之物的目录（“不洁净的生育，子宫中令人恶心的滋养，人体成形于其中的恶劣材质，令人作呕的恶臭，唾液、尿液、粪便等排出物[②]”）。到了现在，在**反对**此在的论证中，苦难必定总是列于第一排，作为论证最严重的问号，这时回忆一下那些时代是有益的，当时人们做出了相反的判断，因为**造成**苦难对他们是不可或缺的，他们从中看到一种至高的魔力，一种引他们**趋向**生命的真正诱饵。也许当时——这么说是为了安慰那些柔弱者——疼痛还不似今天那么痛；至少一位治疗过黑人（且把他们当作史前人类的代表——）的医生可能会得出这样的结论，会令最有组织性的欧洲人几近绝望的严重内部炎症，——在黑人身上却**不**致如此。（事实上，一旦经历了拥有超级文化（Übercultur）的上等阶层或上等族群之后，人类疼痛能力曲线便呈现超常的、突然的下降；我个人并不怀疑，迄今为止所有为了获取科学答案而接受尖刀的提问的动物，它们的疼痛全部加起来，跟某个独身的歇斯底里的有教养小女人的一夜疼痛相比，简直算不了什么。）也许甚至可以容许有这样的可能性，其实毋需断绝对残忍的乐趣：它只需要某种跟今日疼痛增长之情形成比例的崇高化和精微化，尤其是，在出现时要已

① 诺森三世（Innocenz Ⅲ，今作 Innozenz Ⅲ）：罗马教宗，1198—1216 年在位，教会权势在其任内至于顶峰。——译注

② 不洁净……］出处待考。——编注

据克拉克-斯文森，此引洛塔尼奥枢机主教（即诺森三世）《论人类境遇之悲惨》第2、3、4、8 节，其书尽叙人类从出生到死亡之不幸，在中世纪流传极广。——译注

经转译为形象性和灵魂性的东西，并且名字要根本不让人多想，即 304
使假装虔诚的最细腻的良心从中也无所置疑（“悲剧之怜悯”就是一个这样的名字；另一个是“缅怀十字架”[1]）。真正与苦难相抵忤的，不是苦难本身，而是苦难的无意义：不过，无论是曾经把一套完整隐秘的治疗机械装置安装到苦难之中以解释之的基督徒，还是更古老的年代善于从观看者或造成苦难者的角度出发去解读苦难的质朴人类，都不认为这样一种**无意义**苦难竟终究存在。为了使这种隐蔽的、未被揭示的、没有见证的苦难可能从这个世界被创作出来并且被诚实地否定掉，当时人们几乎是被迫去发明诸神，发明高处与深处的中间物（Zwischenwesen），简言之就是发明某种东西，它们也漂浮在隐蔽物之中，也在黑暗中观看，不会轻易错过一场有趣的痛苦演出。而也就是在这样一些发明的帮助下，当时生命擅长耍把戏，它向来擅长以把戏来为自己辩白，为它的“过恶”[2]辩白；现在，也许为此它需要其他的辅助发明（比如把生命当作谜，把生命当作认识问题）。“每种有一个神祇怡然于其景象的过恶皆已得到了辩白”：史前的感觉逻辑听起来就是这样的——而且真的只是史前逻辑是这样的么？把诸神设想为**残忍**演出的同伙——哈，这样一种远古想象甚至已经多么深入地嵌在我们欧洲人的人

① “缅怀十字架”原文为法语 les nostalgies de la croix，其中 nostalgies[缅怀]指对过去事物的怀旧。——译注

② “过恶”原文为 Übel，据杜登辞源词典，盖源出于印欧语中与 über、ob 相关的“超过、之上”的词族，本义为“过度、过分”；未知尼采是否暗涉此词源，估拈出以待考。——译注

化过程之中！关于这一点，可以思量一下加尔文和路德[①]。无论如何可以肯定，**希腊人**不知道为了他们的幸福还有什么比残忍的欢乐更加美味的配飨可以献给他们的诸神。你们以为，荷马[②]让他的诸神用怎样的眼睛来看待人类的命运？特洛伊战争及类似悲剧性的恐怖在根本上有什么最终的意义呢？根本没什么好怀疑的：在诸神看来他们就是**节庆**之游戏：而且，就其中诗人被造就得
305 比其他人更有“神性”而言，在诗人看来他们大概也被认为是节庆之游戏……并无不同地，后来希腊的道德哲学家也认为神的眼睛还在俯视着道德上的搏斗，注视着英雄业绩和有美德者的自我折磨：那个“义务的赫拉克勒斯”[③]站在一个舞台上的，他也知道自己在舞台上；没有见证的美德对这群演员民众来说根本无法设想。那个如此鲁莽、如此灾难性的哲学发明，当时对欧洲来说第一次被弄出来的关于“自由意志”和人在善与恶中之绝对自发性的发明，难道首先不应该是为了自己创立一种想象的权利，想象诸神对人类、对人类之品德的兴趣**从来不会耗尽**？在这个大地舞台上，应该从来不乏真正的新事物，不乏真正闻所未闻的紧张、纽结、灾难：一个被设想为是完满的、决定论的世界对于诸神来说会是可预测的，从而简单地说也会令他们倦然，——哲学家们，这些**诸神之友**们，有足够的理由不用这样一个决定论世界来苛求他们的诸神！整个

---

① 路德有名言曰：“为避大恶，须承小过”（Um größere Übel zu vermeiden，muß man kleinere auf sich nehmen.）。——译注

② 荷马］参看《人性的，太人性的》1879 年版第 189 节。——编注

③ 当指著名的寓言“赫拉克勒斯的抉择”，赫拉克勒斯最终选择美德女神之路，即辛勤工作的道路；希腊神话中，赫拉克勒斯的不少业绩可视为以劳役的形式对义务的履行。——译注

古代人类，作为一个本质上是公开的、本质上一目了然的世界，没有演出和节庆则不知幸福为何物的世界，始终饱含对“观看者”无微不至的照顾。——而且正如已经说过的那样，伟大的**惩罚**也有如此多的可庆祝之事！……

8

重新接上我们的研究进程，负罪感、个人义务感，如我们所见，其起源就在那种曾经有过的最古老、最本源的个人关系中，在买者与卖者、债权人与债务人之间的关系中：在这里，个人第一次反对个人，个人第一次以个人来**衡量自身**。找不出一个低等文明，其中 306

会没有某些与这样一种关系相关的值得我们注意。制定价格，估量价值，设想等价物，交换——这些先行占据了人类最初的思维，先行到这样一个程度，乃至某种特定意义上这就是**唯一的**(das)思维：这里培养出最古老的那种敏锐，或许可以猜测，那种人类的自豪，他在考虑到其他畜牲时的那种优越感，其最初的发端也恰恰在于这里。也许我们说的“人”(末那[①])这个词正好表达了某种跟**这种**自身感觉相关的东西：人把自身标识为那种对价值进行衡量、评价再衡量的造物，“自在估价的动物”。买和卖，连同其心理学的附属物，甚至比任何一个社会组织形式或者社会联系都更为古老：从个人权利的最初等形式起，关于交换、契约、债、权利、义务、偿还的

① “末那”原文为 manas，梵语，汉译佛典或译为“心”“意”“意念”；佛教八识中之第七识，指凡人所区分人我之知。——译注

萌芽感觉毋宁是首先**转移**[1]到那些最粗糙和最初级的共同体复合物[2](处在跟相类似复合物的关系当中)上去,同时伴随着用权力对权力进行比较、衡量和估算的习惯。眼睛于是一下调整到这样一个视角:通过那样一种粗俗的推论,较古老的人类那缓慢运动、却是无情地朝着同一方向行进的思考所特有的那种推论,人们立即在大范围的概括中得出“物物皆有其价格;**一切**皆可被偿付”——得出关于**正义**的最古老和最质朴的道德圭臬,大地上所有“好心肠”、所有“合情理”、所有“善良意愿”、所有“客观性”的开端。处在这个第一阶段上的正义,乃是权势大致相等者之间相互报偿、
307 通过某种偿还而彼此重新“达成一致”的善良意愿——以及,对于权势较小者,则**强迫**他们彼此间作出某种偿还的善良意愿。——

9

若一直用远古的尺度来衡量(顺便说一下,这个远古时代在一切时代都存在或者有可能重新存在):公共体与其局部也处在那种重要的基本关系、即债权人与债务人的关系之中。人们生活在一个公共体中,人们享受一个公共体的利益(哦,是怎样的利益呵!我们今日会时不时地低估了这个),人们受保护、受照顾地居住在和平和信任中,不用为特定的损害和敌对担忧,而**外面**的人即“被

① “转移”原文为 übertragen,同时含有“转译”“转印”“转记(转账)”“传染”等意思。——译注

② “共同体复合物”原文为 Gemeinschafts-Complexe;Complex 表示某种由杂多合成为一体的复合物。——译注

褫夺权利者”则暴露于这些损害和敌对之下——一个德意志人会理解，“困顿”，即 êlend 的本义[①]——，正如人们恰恰是鉴于这些损害和敌意而把自己抵押给集体，为其负义务。**如若不然**，会怎么样呢？共同体，失望的债权人，会尽其所能自行寻求支付的，这是可以计算的。这里至少要包括损害者所造成的直接损失：除此之外，那罪犯首先还是一个“破坏者”，一个**反对全体**而打破契约和诺言的人，直到那时为止，就共同体生活的一切好处和便利来说，他是拥有过这个全体的一份的。这个罪犯是一个债务人，不但没有偿还已供给他的那些收益和预付款项，甚至还要侵夺他的债权人：所以，从此刻起，合乎情理地，他不但丧失所有这些好处和收益，——现在他更会意识到，**这些好处意味着什么**。受损害债权人即公共体的怒火把他赶回到那种蛮荒的被放逐状态，直到那时为止他是一直受到保护不致落入其中的：它把他推开，——现在种种敌意皆 308
可朝他倾泻。在开化(Gesittung)的这个阶段，“惩罚”简直就是那个受人憎恶、被去除了防护、被打倒在地的敌人所反衬出来的合规范行止的反像，**负值**(*Minus*)，他不但要倒扣掉一切权利和保护，还要倒扣掉一切恩典；也就是那种 vae victis[被征服者是该死的][②]极尽无情与残忍的战时权利和胜利庆祝：——从中也表明，战争本身(包括战时的杀牲祭礼)提供了历史上惩罚所藉以出现的所有**形式**。

① 德语中“困顿”(Elend，形容词读作 êlend)源于中古高地德语的 ellende，表示“在陌生的国土上，流离失所”。——译注

② 公元前 390 年，高卢围罗马城，罗马以黄金乞降，受降之日罗马人抗议料量不公，敌酋布伦努遂掷剑于秤上，说出这句话。参见李维：《罗马史》第五卷第 48 章。——译注

10

权力增强时，一个公共体不再认为单个人的违法行为有多么重要，因为对它来说，这些行为对全体不会再具有早先那种程度的危险性和颠覆作用了：为恶者不再被“褫夺权力”和驱逐，普遍的怒气不再可以像早先那样无节制地倾泻于他身上，——从现在起毋宁是，在这种怒气、特别是在那些直接受害者跟前，为恶者要受到全体这方面的谨慎防护。对恶行之首先牵涉者的怒气做出妥协；付出某种努力，将案件限于局部，避免某种扩大甚至是普遍的参与和搅乱；尝试去找出等价物，调停整个交易（赎刑[①]）；尤其是那种越来越明确地出现的意志，要把每件违法行为当作在无论哪种意义上**可偿付**的，也就是至少可以在某种特定的程度上把罪犯和他的罪行**分隔**开[②]，——这些是在刑法的进一步发展中越来越清楚地烙上的特征。如果一个公共体的权力和自身意识增长了，则刑
309 法亦越发温和；而每逢虚弱或较深重的危局，则刑法的较强硬形式便再度显著。“债权人”越富有，便总是在相应的程度上变得越人性；最后，衡量他财富的**尺度**甚至是他可以承受多少损害而不以之为苦。社会有一种**权力意识**或许并非不可想象，以此意识，社会可许以它所有的最高尚的奢侈，——任由损害社会的人**不受惩罚**。

---

① “赎刑”原文为 compositio，指用支付特定财物给受害者亲属以赎免罪犯的刑罚。据《尼采频道》，引自波斯特：《基于比较族群学的普遍法学预备考察》，第 1 卷，第 171 页，第 181 以下。——译注

② 也就是……]据付印稿：这样做时也尽可能地从直接损害方面考虑。——编注

“我的寄生虫其奈我何？”它那时可以这样说。“且让它们活命和壮大：对付这些我还足够强健！”……正义，起于“一切皆可偿付，一切必须偿付”，讫于对无支付能力者宽以释之，——如同大地上的每件好事物一样，它**扬弃自身**而终止。正义的这种自身扬弃：人们知道它以何种美名自命——**恩典**[①]；不言自明，它始终是最有权势者的特权，或不如说是最有权势者超然于法律之彼岸的特权。

11

——跟新近出现的一些尝试不同，这里有一种对立的说法，要到一个完全不同的地基上去寻找正义的起源——到怨恨那里去找。这是冲着那些心理学家们的耳朵说的，假定他们还有兴趣切近钻研一下怨恨本身：这种植物今时在无政府主义者和反闪族主义者们中间开得最美丽，顺便说一下，跟它们向来开花时那样，是开在隐蔽处的，像紫罗兰一样，当然气味有所不同。正如从同类中永远必然只会产生同类，不足为奇，恰恰是从这些圈子里能看到有一些尝试在出现，正如它们多次存在过的那样——参见上文第30
页[②]——，在**正义**之名下将**复仇**神圣化——仿佛正义从根本上不 310
过是受伤害的感觉的某种进一步发展似的——，并且随着复仇，把那种一般**反应性**情绪全面地在事后加以尊崇。对于后者本身我最不会排斥：我以为，从整个生物学问题（与此问题相关，那些情绪的

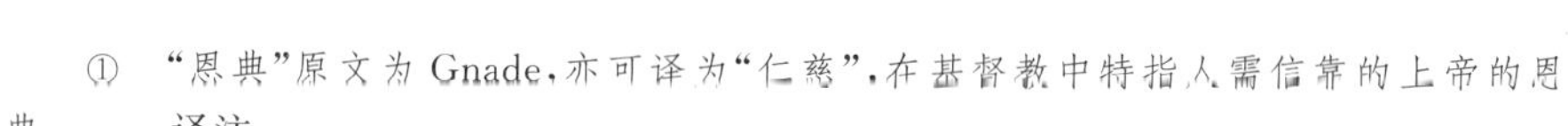
① “恩典”原文为Gnade，亦可译为“仁慈”，在基督教中特指人需信靠的上帝的恩典。——译注

② 据考夫曼注，即第一篇第14节。——译注

价值迄今皆被低估了)的角度来看，它甚至是有**功劳**的。独令我注意的是这种情况，即正是从怨恨精神本身中，生出了科学之公允的新变调(有利于憎恨、嫉妒、忌惮、狐疑、怨气、复仇)。这种“科学之公允”，一旦事关另一个情绪群，便立即停步不前，腾出地方让抵死的敌意和先入之见落下重音(E. 杜林:《生命之价值》;《哲学教程》;其实处处可见)，这另一个情绪群，依我之见，比那些反应性情绪有着高得多的生物学价值，因而它们才首先当之无愧值得**从科学上**受到估量和高估:即真正的**主动性**[1]情绪，如统治欲、占有欲及类似者。针对这个普遍的趋势就说这么多:不过关于杜林的个别命题，即要到反应性感觉的地基上去寻找正义的发源地，人们必须，为真理之故，以生硬的颠倒，用下面这个命题来反对:**最不堪**为正义精神所占据的，就是反应性感觉的地基！如果真的有这样的事，即正义的人甚至在反对其损害者之时，亦保持正义(而且不只是冷漠、有节制、陌生、无动于衷地这样做:正义总是**肯定性**[2]的行止)，如果那双正义的、**正视的**眼睛的客观性，那种高明而清晰、深沉又温和地注视着的客观性，即使受到个人之伤害、嘲弄、嫌弃的
311 冲击，仍然没有阴霾，那么，这乃是大地上的一份完满和最高的化境，——甚至是某种人们聪明的话在这里就不会期待的东西，某种人们无论如何都不应该轻易**相信**的东西。肯定，平均而言，即使是对最正派的人士来说，一份小剂量的攻击、恶意、猜忌也已经足以把血驱到他们的双眼里，而把公允挤**出**视线。具有主动性、攻击

---

① “主动性”(aktive)与“反应性”(reaktive)相对，后者为对前者的“回应”。参看第一篇第10节。——译注

② “肯定性”原文为 positives，亦可解为“积极”，义同“主动性”。——译注

性、侵犯性的人，总是比反应性的人离正义更近一百步；他恰恰不
需要以反应性的人所做的那种方式去做，去虚假和先入为主地评
价他的对象。因此事实上在任何时代，侵略性的人，作为更强健
者、更勇猛者、更高尚者，在他那一方面总是有**更自由**的眼光，**更好**
的良心：人们已经猜到，相反地，那个昧了良心地发明“坏良心”的
到底是谁，——怨恨之人！最后可以回顾一下历史：看看迄今为止
大地上到底在哪块地盘上，对法的全盘操控、对法的真正需求是家
传的本行？是在反应性的人类那里吗？完全不是：毋宁是在行动
者、强健者、自发者、侵略者们的地盘上。从历史学的角度看，大地
上的法——说起来真是扫了上面提到的那位煽动家的兴（他本人
有一次关于自己的坦白：“复仇学说，作为正义的红线，贯穿了我的
一切工作和辛劳[①]”）——恰恰是在进行**对抗**那些反应性感情的斗
争，站在行动性、侵略性的权力一边对它们进行战争，这些权力把
它们的强力部分地用于禁止和节制这种过分的反应性的感情用
事，对之作出强行的调解。凡是正义被实施和树立之处，人们总是
看到，一个跟屈居其下的弱者相对而言更为强健的权力（可以是群
体或者个人）在寻求手段以结束怨恨那无意义的暴怒，有时是把怨 312
恨的对象拉出复仇之手，有时是在自己这边发动针对和平与秩序
的敌人的战斗以取代复仇，有时是发起、建议、有时是强迫偿还，有
时是把某些特定的损害等价物提升为规矩，一锤定音，让怨恨今后
准此施行。针对那些对立性和后遗性的感情，最高暴力所实行和

① 复仇……］欧·杜林：《事件、生平和敌人》，卡尔斯鲁厄与莱比锡，1882 年，第 283 页，尼采图书遗藏。——编注

贯彻的最具决定性的举动——它一旦强得足够这么做便会这么做——是**法律**[①]的建立，对于在它眼中究竟何者须视为允许与合法、何者为禁止与非法所做的律令性解释：法律建立之后，它把个人或整个群体的触犯和专断行动当作对法律的亵渎，当作对最高暴力的抗命不遵来处置，由此，它将它的属民的感情从此类亵渎所造成的直接损害那里引开，积以时日，就走到所有只从受害者视角去看待、只让受害者视角起作用的复仇心意的反面——：从现在起，将使眼睛熟习于对罪行做一种越来越**非个人**的评价，即使是受害者本人的眼睛也是如此（当然，如之前点出的，这是最后一步）。——与此相应，自法律建立始（而**并非**如杜林所想的，自伤害的行动始）乃有“法”与“非法”。**本质上**，亦即就它的基本功能而言，生命发挥着伤害、强暴、剥削、消灭的功能，没有这种特征生命不可设想，就此而言，谈论法和非法**本身**缺乏任何意义，某种伤害、强暴、剥削、消灭，其**本身**当然可能并无“非法”之处。甚至还必须承认某种更加值得思虑的事：从最高的生物学立场出发，合法状态
313 只可以是**例外状态**，作为对追逐权力的真正生命意志的部分约束，而且作为单个手段从属于整体目的之下：也就是说作为创建**更大的**权力统一体的手段。把某种法律秩序想成是绝对主导和普遍的，不是把它当作诸种权力复合物的斗争手段，而是当作根本上**反对**一切斗争的手段，比如按照杜林那种共产主义模板，一定要把每

① “法律”原文为 Gesetz，特指由国家建立的法，其字源（setzen）有“设置”“固持”之义，另一个义项是“规律”；与下文的“法”（Recht，即 Gerechtigkeit［正义］的字根）皆可指法律，而后者含义为广，既指法律，亦指规范，另一个义项则是“权利”。——译注

个意志都等同起来，则是一条**与生命相敌对**的原则，是人类的毁坏者和消融者，是对人类未来的一次谋杀，是疲惫的一个信号，是折向虚无的一条密道[①]。——

12

这里对惩罚的起源还要说一句——有两个分开或应该分开的问题：可惜人们习惯于把它们扯在一起。在上述问题上，迄今为止的道德谱系学家们搞得究竟怎么样呢？一如既往地天真——：他们随便从惩罚中找出某个目的，比如复仇或恐吓，然后不多想，把这个目的设到开端，当作刑罚的 causa fiendi［始发原因］，然后——就完了。可是，“法之目的”却是最不该用来解释法的发生史的：而毋宁说，对于一切种类的历史学来说最重要的莫过于如下这番花费如许辛劳赢得、而其实也**应该是**赢了的法则，[②]——即：一件事物的起因、它最终的有用性、它事实上被置于一个体系中的使用和分类，迥然有别于目的；某种现有的、不管以哪种方式臻于完成的东西，总是一再被一个对其占优势的权力重新看待，重新收归己有，为了某种重新使用而接受改造和扭转；有机世界中的每个事件，都是一次**征服**，是某物**成为主人**，而所有征服和成为主人则 314
都又是一次重新阐释和编造，此时，之前的那个“意义”和“目的”必

① 是疲惫……］付印稿：是折向虚无的一条密道。——编注

② 这里对……］付印稿第一稿：在一切种类的历史学中都逐渐产生出一种其本身极大地违背知性之公正的视角：——这也许是我们对人类知性之 vis inertiae［惯性］的最大胜利了。——编注

然要被掩盖甚至抹杀。对于不管哪种生理器官(或者是一个法律机构,一种社会礼教,一种政治惯例,艺术或者宗教仪式方面的一种形式),如果还照这样去深入把握它的**有用性**,那么,人们在其发生问题上就一无所获:不管那些老耳朵们听到这个有多么不舒坦,不痛快,——因为自古以来人们已经相信,要到某件事物、某种形式、某个机制的可证明的目的和它的有用性中去把握它发生的根据,把眼睛当作是为了看而造出的,手是为了拿而造出。所以,人们也把惩罚想象成为了惩罚而发明的。可是,一切目的、一切有用性都只是**标记**,表明的是,一个权力意志压倒某个权势较小者则成为主人了,从自己出发把关乎某种功能的意义烙在后者身上;照此方式,一个"事物"、一个器官、一种惯例的全部历史可以是由不断更新的阐释和编造相继组成的记号链条,它们的诸种原因本身毋需彼此有所关联,毋宁仅仅是时或偶然地彼此先后跟进和交替。与此相应,一个事物、一种惯例、一个器官的"发展"决不是它朝向某个目标的 progressus[进步],更不是一次合乎逻辑的、最便捷的、耗费最少的力量和代价达到的进步,——而是由多个在它这里进行的征服进程组成的前后序列,这些进程的深入程度不同,彼此或多或少是独立的,然后还包括每次耗去的相反的抵抗,出于防卫和反应的目的所尝试的诸种形式变换(Form-Verwandlungen),以
315 及成功的对应行动的诸种后果①。形式是流动的,"意义"更是流

① 后果]打印稿上此处删去如下内容:构成这些对应行动的是发展着的事物那方面自发的进取,侵略和紧张。作为一份有组织的力量,事物尽管再弱小,也要从它那方面从内向外运动,于此"外部"行事和扩张,将之收纳到自身之内,以**它**的法则、**它**的意义加以塑造。甚至— — — 。——编注

动的……即使在每个单个器官内部也无不同：随着整体的每次本质性生长，单个器官的“意义”也在滑动，——有时，它一步步地臻于完成，它在数量上的减少（比如通过肢节的消失）可能是生长力和完满性的一个标志。我愿意说：一步步变得无用，枯萎和蜕变，意义和合目的性的丧失，简而言之即死亡，乃是真正进步的条件：进步总是以一个朝向更大权力的意志和道路的形态表现出来，总是以大量较小权力为代价得以达成。一次“进步”之伟大，甚至是以所有必须为之牺牲者为尺度来度量的；把全人类（Menscheit）当作某个单一的更强健物种的壮大的尺度而牺牲掉——这或可为一个进步……——我高举历史学方法论的这一首要观点，尤其是当它从根本上背离于时下盛行的那种本能和时代趣味，后者更乐于忍受所有事件的绝对偶然性，也就是机械论的无意义性，而非接受论述一个在所有事件中自行演进的权力意志的理论。那种民主式的、反对一切统治和意愿统治者的特异反应，那种现代的厌治主义[1]（对一件坏事得造个坏词）已经逐渐地移置并伪装到精神性、最精神性之物中去了，并到了这样一个程度，使它今日已然一步一步地渗入、可以渗入到最严格的、貌似最客观的科学中去了；是的，在我看来，它已经主宰了整个心理学和生命学说，不用说是在损害着它们，念着咒语，让一个基础概念、真正主动性的概念从它们这里消失了。在那样一种特异反应的压力之下，人们大肆宣扬与之

① “厌治主义”原文为 Misarchismus，盖由意为“mis-”（希腊语中意为“憎恨”）与“archi-”（希腊语中意为“政府、统治”）结合，再加通常译为“主义”的“-smus”，直译可为“厌恶政府主义”；它或是由较常见的“Misanthrophie”（厌恶人类、愤世、厌世）和“Anarchismus”（无政府主义）而造。——译注

316 相反的“适应”，即一种第二等的主动性，一种纯然的反应性，人们确实把生命本身定义为一种对外在形势越来越合目的的内在适应(赫尔伯特·斯宾塞)。生命的本质，生命的**权力意志**，却由此被误解；那些自发的、进攻性的、侵犯性的、做出新解读、指向新方向和塑造新形态的力量(随着这些力量的作用而来才有了那个“适应”)所具有的原则上的优势，由此被忽略；有机体中最高职能(生命意志就行动性地、赋形性地表现于这些职能中)的统治性角色，由此被否认。人们回想起赫胥黎[①]给斯宾塞们提供的母题[②]，——他的“行政虚无主义”：不过，这里涉及的可**不止是**“行政”……

13

——回到正题，我们在**惩罚**上要区分两样东西：一方面是惩罚这件事上相对**有延续性之处**，惯例、行动、“排演”[③]、某一套特定严

---

① 赫胥黎］出处待定。——编注［译按：据克拉克-斯文森，此引赫胥黎：《行政虚无主义》，《双周评论》(1871 年 11 月 1 日)，第 525—543 页。此文重述自由民主体制对政府(统治)职责之理解，主张应不分贵贱，对全民进行教育。］

② 此句尼采表述易引误解。“为……提供的母题”原文为 zum Vorwurf … gemacht，多种英译均译为“对……的指责”，不通。Vorwurf 除了通常表“指责”之外，还有一个更古老而少见的义项表示“母题”，此处当指赫胥黎对斯宾塞的社会达尔文主义的影响。赫胥黎于 1864 年创建 X 俱乐部，同年颁科普利奖章给达尔文。这个俱乐部九名成员中包括斯宾塞(故尼采这里说“斯宾塞们”)，尼采写作此书时它在科学界的影响正处顶峰；据说俱乐部“唯一的规则就是没有规则”，此可见赫氏的进化论及“厌治主义”立场。——译注

③ “排演”原文为 Drama，通义为“演戏、戏剧”，尼采于此盖指涉此词的希腊文母词 δρᾶμα［行动］。——译注

格的程序[①]步骤，另一方面是它流动不居之处，即此类程序的履行所关系到的意义、目的、期望。在这里且直接假定，根据刚才演绎出的那条历史学方法论的首要观点，per analogiam[依此类推]，比起程序在惩罚方面的应用，程序本身是某种更古老、更早的东西，那种应用最初是被增解到、深文周纳到（早就存在的、只不过是在另一种意义上很常见的）程序中去的，简言之，事情并不像我们那些天真的道德谱系学家和法律谱系家们迄今所以为的那样，他们统统认为，程序是出于惩罚的目的而发明的，犹如早先是出于抓握的目的而发明了手似的。至于惩罚的另一方面因素，其流动不居 317
之处，它的“意义”，在一个相当晚期的文化状况（比如在今日之欧洲）中，“惩罚”概念其实不再是给出一种意义，却是对诸种“意义”的一个完整的化合物——：迄今为止的一般惩罚历史，为各种不同目的而极尽利用惩罚之能事的历史，最终结晶成某种统一体，难以溶解，难以分析，还必须强调的是，完全不可定义。（今日不可能确切地说，到底为什么受惩罚：所有藉以从症候学方面[②]对一次完整诉讼程序作出总结的概念，皆无从定义；可定义的只是那种无历史之物）在一个早先的阶段则与此相反，那种“意义”化合物似乎还是比较容易分解，也更容易滑动；人们还可以体会到，在各种个别情况下化合物中元素的化合价是怎样改变并相应地重组的，从而使

① 此节中的“程序”（Porzedur）与“诉讼”（Prozess）同源，皆出于表示“进程、一系列推进的执行步骤”的拉丁词 pro-cedere。——译注

② “从症候学方面”原文为 semiotisch，盖指“能概括所有刑罚现象的（概念）”。Semiotik[症候学]今日最常用义为“符号学”或“记号学”，在尼采当时则主要从医学上解（虽有经院哲学及洛克提到过“记号学”，其义于此则难通），指对某类疾病所有症状的系统研究：症候本为疾病之后果，不可倒以为因。——译注

得时而这种、时而那种元素会以其他元素为代价而占据上风和主导，有时甚而一种元素（如恐吓的目的）似乎会抵消其他元素的所有余值。至少可以想象一下，惩罚的“意义”是怎样不确定的、事后的和临时的，同样一套程序可能怎样依据根本不同的意图而被运用、读解和编造：因此这里是有成规的，在我看来，甚至是基于某种照比例来看甚是微小和偶然的佐证而定出的成规。惩罚作为对损害的消除，作为对进一步损害的阻止。惩罚作为对受害者所受损害的偿还，不管是以什么形式（即使是以一种情绪代偿的形式）。惩罚作为为了防止干扰的进一步蔓延而采取的平衡性干扰。惩罚作为对决定和执行惩罚者之恐惧的灌输。惩罚作为罪犯此前所享
318 有好处的偿还（比如把他作为矿山奴工来加以利用）。惩罚作为对某种蜕变成分的排除（有时是排除一整个分支，就像按照中国的法律[①]那样：由此惩罚作为使种族保持纯洁的手段或者把某种社会类型固定下来的手段）。惩罚作为节庆，也就是作为对一个终于被打倒的敌人的强暴和嘲弄。惩罚作为一种记忆之制造，或是给那个遭受惩罚者——即所谓的“改善”[②]，或是给那些执行时的见证者长记性。惩罚作为保护作恶者免受过度报复的权力一方要索取的某种酬谢。惩罚作为对复仇之自然状况的折中，只要这种自然状况还为掌权的世系所维持并收为特权。惩罚作为对某个和平之敌、法律之敌、秩序之敌、当权者之敌的宣战和战争处分（Kriegs-

① 中国的法律］参看约·科勒尔：《中国刑法。刑法全史之一章》，维尔茨堡，1886年，尼采图书遗藏。——编注

② “改善”原文为 Besserung，此照字面译，法学界通译为“矫治”“矫正”等，指用某种特定刑罚以对违法者进行矫正改善，预防重犯。——译注

maassregel)，这些敌人据信危及了公共体，就契约的前提来看破坏了契约，是作乱者、叛变者与和平破坏者，惩罚之手段则就是战争所赐予的那些手段。——

14

上面这份清单当然是不完整的；惩罚显然过多承载了各种各样的有用性。尤其可以从它上面扣除一种人们*以为*的有用性，即便流行意识认为这是惩罚最本质性之处，——今日出于许多原因已经动摇了的对惩罚的信念，恰恰是在这一点上，还找到一个最强有力的支撑。惩罚应该有能唤起债务人*亏欠感*的价值，在惩罚中人们寻找那种被称为“良心不安”、“良心有愧”[①]的灵魂反应的真正工具。而由于这一点，时至今日，人们自己还在强行摆弄现实，摆弄心理学：而在人类最长久的历史上，在他的史前史上，他们所 319
强行摆弄还要多得多呢！恰恰在罪犯和刑犯中，真正的良心有愧是最最少见的东西，囚徒、监犯*不是*这个咬虫类物种所偏爱滋生的菌室；——对此所有有良心的观察者都会同意，他们在许多情况下会相当不乐意和违背最本真愿望地给出这样一种判断。从大处来看，惩罚是锻打和淬冷；它使人专注；它磨尖了疏离感；它强化了抵抗力。如果出现这样的情况，即惩罚摧毁了能量，导致一种可怜的虚脱和自身贬屈，则这样一种结果肯定比惩罚的平均作用要更加

① “良心有愧”原文作 Gewissenbiß，字面义为“良心之啮”，与下文的“咬虫”(Nagewurm)相应；康德曾用这个德语词翻译下节出现的拉丁词 morsus conscientiae(《康德文集》第四卷，《道德哲学讲稿》)。——译注

不舒服：那种平均作用的特点本是一种干枯阴沉的严肃。不过，且想想在人类史前的那些个千年吧，我们就可以不假思索地断言，亏欠感的发展恰恰通过惩罚被最强有力地中止了——，至少对于惩罚之暴力所加诸的那些牺牲者们来说是这样。也就是说我们不要低估，在何种程度上恰恰是法庭上和执行中的诉讼程序本身，阻止罪犯把他的罪行、他的行为种类本身感受为应当谴责的：因为他清楚地看见，相同种类的行为为了服务于正义而被犯下，而且是受到称许、心安理得地被犯下：刺探、使诈、行贿、设陷阱，那整套取巧钻营的警察和检察技巧，然后又清楚地看见，正如在各种不同的惩罚中展露出来的那样，那种最基本的、甚至不曾用一时激动来谅解的剥夺、压制、辱骂、逮捕、拷打、杀害，——由此他清楚地看见一切没有被他的法官们就其本身、而只是基于某个特定的考虑和利益指
320 向才加以谴责和判决的事情。“坏良心”，我们的地球植被中这株最隐秘和最有趣的植物，不是在这片土壤里生长的，——事实上，在那些审判者、惩罚者本身的意识里，在最长的时间里并没有什么表达，说人们跟某种“亏欠”有关。有关的是某个造成损害者，某件不负责任的祸事。而那个随后惩罚也会像一件祸事落到他头上的那个人自己，在那时，除了当某种未曾逆料之物、一次恐怖的自然事件、一块猛然砸落的石头突然来到时造成的之外，是不会有什么其他“内在痛苦”[1]的，面对那块石头，他是不会再有任何抗争的机会了。

① “内在痛苦”(innere Pein)，盖源自托马斯·阿奎那对外在与内在之痛苦孰强的讨论(《神学大全》第二集第一部第35章第七条)。——译注

15

这一点曾一度让斯宾诺莎相当尴尬(说句让他的解释者们不高兴的话,他们,比如库诺·费舍尔[①],全力以赴要在这个地方误解他),在一个下午,谁知道呢,他在不知哪一块回忆上蹭痒痒,沉浸在这个问题里:对他自己来说,在那个有名的 morsus conscientiae[②][良心有愧]中剩下的到底是些什么——他把善和恶降格为人类的想象,愤然反对那些渎神者,捍卫他那个"自由的"上帝的荣耀,那些渎神者主张:上帝 sub ratione boni[出于善的理由]作用于万物("今谓神为受命运支配,则关于神的看法实没有比这更不通的了[③]"——)。对斯宾诺莎来说,世界又退回到它在坏良心被发明之前就在摆在里面的那个无辜之中去了:这个 morsus conscientiae[良心有愧]会变成什么东西呢?"gaudium[欣慰]的对立面,他最后说,——一种悲伤,伴随着对过去一件违背所有期望落空的事物的表象。"《伦理学》第三部分命题十八附释一、二。[④] 数

① 尼采所引关于斯宾诺莎之出处;参看科利版全集第 9 卷,11[193]的注释。——编注

库诺·费舍尔(Kunor Fischer),当时海德堡大学教授,其哲学史著作当时有盛名;据戴瑟尔,此处引用他的《现代哲学史》,海德堡,1865 年,1.2。——译注

② 斯宾诺莎原文作 conscientiae morsus[有愧的良心],现有相应汉译作"悔恨"或"惋惜",见斯宾诺莎:《伦理学》,贺麟译,商务印书馆,1997 年,第 114—115 页和第 156 页。——译注

③ 不过……]斯宾诺莎:《伦理学》第一部分命题三十三附释二。——编注

④ 此据德语译出,可参见斯宾诺莎:《伦理学》,贺麟译,第 115 页;斯氏原文作"morsus est tristitia opposita gaudio[悔恨是与欣慰相反的一种痛苦]",此处"悔恨"(morsus)即"良心有愧"(conscientiae morsus)之"愧"。——译注

千年来,那些挨受惩罚的作恶者们对他们的“过失”[①]的感受,**无非**
就跟斯宾诺莎一样:“没想到这次居然失手了”,而**不是**:“我本来不
321 该这样做的”——,他们屈服于惩罚,就像人们屈服于疾病、灾祸或者死亡一样,带着那种由衷的宿命论,毫不反抗,凭着这种宿命论,比如今日的俄国人,在操控生命方面对于我们西方人还占有优势。如果当时曾有过对罪行的批评,作出批评的也是那种聪明:对聪明的某种强化,对记忆的某种延长,某种决定今后干活要干得更谨慎、多留个心眼和更加隐秘的意志,对人们太过虚弱而经不起许多一劳永逸之事的洞见,以某种自我评判所作的改善,无疑,我们必须在这些方面去寻找惩罚的真正**作用**。在人和动物而言,通过惩罚大体能够达到者,是恐惧的增长,聪明的强化,欲望的臻于纯熟:惩罚以此**驯化**人类,不过也不是而使之“改善”,——人们倒有更多理由作相反的主张。(民众说,“吃亏使人聪明”:凡吃亏使人聪明之处,也使人变坏。幸运的是,它相当常见地使人变蠢。)

16

到这里,为了帮我自己关于“坏良心”起源的假说给出一个初步的、暂时的表达,再也不必绕什么弯子了:这个假说不容易呈现给听众,它要长久的考虑、醒察和梦思。我把坏良心当作深重的病患,人类在他们所曾体验的一切变化中最彻底的变化的压力下,必

---

① “过失”原文为 Vergehen,有两层意思,既指违法行为,也有“消逝、过去”的意思。——译注

然为它所腐蚀，——那种变化就是，他们发现自己最终处在社会与和平的制约之中。这些最适应荒野、战争、游荡、冒险的半兽人所处的境况，无非就跟水生动物一样，它们必定被迫要么变为陆生动物，要么毁灭，——它们所有的本能一下子都失去价值，被“搁置”了。在此之前它们为水所负载，今后则应该用脚行走，“自己承载自己”：一份要命的重量压到它们身上。要做最简单的事务，他们都感到自己不听使唤，对于这个新的未知世界，他们不再拥有那些古老的向导，不再具有那些给出规则的、无意识地安全指引的冲动，——那些冲动被还原为思考、推理、计算以及原因和作用的联结，被还原为这些不幸的家伙的“意识”，他们那最贫乏、最抓不住东西的器官！我相信，大地上从未有过这样一种艰难的感觉，这样一种累赘的别扭，——而同时，那些古老的本能从来没有停止提出它们的要求！只不过，很难、很少有可能遂它们的愿：它们最主要的事必定是为自己寻找些新的、如在暗中的满足。所有没有释放到外部去的本能，都转向内部——这被我称为人类的内向化（Verinnerlichung）：由此才从人类上面长出后来人们称为其“灵魂”者。这整个内在世界，起初单薄得就像夹在两层皮肤之间，会依照人类向外释放时所受阻碍的程度，发散开来，蔓延开来，成其深度、广度和高度。国家组织藉以保护自己不受那些古老的自由本能（Instinkte der Freiheit）之害的诸般恐怖壁垒——其中首推惩罚——导致那个野蛮、自由、游荡的人类的所有那些本能幡然向后，转而反对人类自身。敌意、残忍，对追踪、袭击、更替、摧毁的乐趣——所有这一切都转而反对这些本能的拥有者自身：这是“坏良心”的起源。人类，这个因为缺乏外部的敌人和抵抗而被挤到一个逼仄

322

323

的角落里，挤到礼教的合规则性里，不耐烦地撕扯、追逐、啮咬、惊扰、虐待自己的人类，这个人们想要“驯服”的、在自己的笼栅上撞伤的动物，他若有所失、被对荒野的怀乡病弄得憔悴，他必须从自己这里造出一段冒险，一间刑讯室，一片不安稳的、危险的荒野——这个小丑，这个有所向往而又绝望的囚徒，成了“坏良心”的发明者。由坏良心却引起了那个最重大、最阴深难测的病患，全人类直至今日仍未痊愈的病患，人类*于人类*、*在其自身*所罹受的病：作为跟动物性过去的一次猛然分离的后果，一次似乎进到新的境况和此在条件中来的跳跃和突进的后果，一次向他的力量、乐趣和恐怖迄今所依以为据的那些古老本能宣战的后果。让我们马上补充下面这一点：另一方面，伴随着一种自己转而反对自身、自己跟自身作对的动物灵魂这一事实，大地上竟有了某种如此新颖、深沉、前所未闻的谜一样的东西，充满矛盾和*充满未来*的东西，以至于，大地上的视线方位（Aspekt）已经随之而本质性地转变了。事实上，要评判这出由此开幕、其结局且全然尚未可知的演出，需要神性的观者，——一出太过精妙、太多奇迹、太过悖谬的演出，在某个可笑星球上亦不可能毫无意义、不受瞩目地演过！自那时起，人类是和那些最出乎意料、最激动人心的博彩算在*一起*了，赫拉克利特[①]所说的那个“大孩子”——无论他叫宙斯还是叫偶然——所玩
324 的那些博戏，——他为自己唤醒了一点兴趣，一分紧张，一个希望，近乎一种确定性，仿佛有种东西随着他而预告要到来，某种东西在准备着，仿佛人类不是目标，而只是一条道路，一次意外事件，一座

① 赫拉克利特]第尔斯-克朗茨编《前苏格拉底残篇》第52。——编注

桥梁，一个伟大的许诺……

17

这个关于坏良心起源的假说的前提首先包括，上述那样一种转变并非缓慢和自愿的，并没有表现为一次融入新条件中去的有机的生长，而一个断裂，一次跳跃，一阵强制，一场不容拒绝的厄运，没有反对这场厄运的战斗，甚至连怨恨也没有。其次则是，一群到那时为止未受羁绊、未曾有形式的居民被嵌进一个固定的形式中去，正如他们通过一次暴力行动创得开端，亦只有通过纯粹的暴力行动而得其结局，——与此相应，最古老的“国家”作为一种可怕的霸权、一架毫无顾惜的碎压性机器登场并且持续运转，直到这样一团民众和半兽人的原材料最终不但是被揉搓透彻，柔软顺从，

而且还被*赋予形式*。我用的是“国家”这个词：指的是谁，不言自 93
明——一伙金毛食肉动物，一个劫掠者和主人的种族，他们以战争的方式组织起来，以组织的力量毫不迟疑地把他们可怕的爪子搭在某个在数量上也许远远超出却还没有形态、还在游荡的居民之上。“国家”确实是以此方式在大地上开始的：我想，那种以为它是从一个“契约”开始的迷狂已被破除了。谁若能够下命令，若天性即为“主人”，若以暴力行事而成其作品和姿态，——他要用契约来干什么呢！人们没有料到有这些家伙，他们像命运一样到来，没有
来由、理性、顾虑、借口，他们到了就像闪电到了，太可怕，太突然， 325
太有说服力，太“不同”，乃至于还没被憎恨。他们的作品就是一种本能的形式创设，形式嵌压，这是所曾有过的最非自愿、最无意识

的艺术家：——简而言之，当他们出现，即有某种新东西，某种活着的统治构形，其中诸部分与诸功能被划分好并关联起来，凡是在其中有什么位置的，无不首先根据它与整体的关系而被赋予某种“意义”。他们不知道，什么是亏欠，什么是负责任，什么是顾虑，这些天生的组织者们；在他们中，是那种可怕的艺术家式的利己主义在掌管，这种利己主义犹如青铜般闪着光，知道自己在“作品”中，就像母亲在她的孩子们中那样，已经永远先行有了理由。“坏良心”可不是在他们身上生长起来的，这从一开始就很清楚，——不过，倘若没有他们它也不会生长起来，这根丑恶的株苗，倘若不是在他们的锤打、他们那艺术家式强暴的压力之下有一块巨大分量的自由从世界中、至少是从可见层面中被创设出来并且仿佛是被潜伏着搞出来，是不会有它的。这个被强暴地潜伏着搞出来的自由之本能——我们已经领会过它了——这个被抑制回去的、屏退回去的、被关到内部并且最终只是自己在向着自己释放和发泄的自由本能：坏良心在其开端处就是这个，只是这个。

18

要提防，切莫因为这整个奇观从一开始便丑恶而令人痛苦便不去多想它。在根本上，确实就是那一股行动的力量，那股在那些暴力艺术家和组织者们中相较而言是壮观地投入作品中去并建立国家[①]的力量，在这里，在内部，相较而言是微小地，小气地，向着

① 并建立国家]据付印稿：而却是向外施用。——编注

后方，用歌德的话说，在“胸中的迷宫[1]”里，造出坏良心，建立否定 326
的理想，那股力量恰恰就是自由本能（用我的话来说，即权力意志）：只不过在这里，那股力量的造型和强暴本性所朝之释放的那个材料，就是人自身，是他整个动物性的古老的自身——而并非，像在那种相较而言伟大和显著的奇观中那样，是另一种人类，另一些人类。这种隐秘的自身强暴，这种艺术家式的残忍，这种自己把自己当作一个沉重的、抵抗着的、承受着苦难的材料而赋予某种形式，烙上某种意志、批判、矛盾、蔑视、否定的做法，这项出自一个甘愿自己与自身相分裂的灵魂——它出于对制造苦难的兴趣而让自己罹受苦难——的阴森难测、兴致高得骇人的工作，这一整个主动性的“坏良心”，最终——人们已经猜到了——作为孕育理想的和想象的事件的真正子宫，它也昭示出一份充足的新颖陌生的美和肯定，也许首先是昭示了美本身（die Schönheit）……倘若首先不是矛盾自己来到意识这里，倘若首先不是丑陋者自己对自己说“我是丑的”，什么又是“美”的呢？……至少从这个角度看来，只要在矛盾性的概念——如自身丧失、自身拒绝、自身牺牲等——中能够阐发出一个理想、一种美，那个谜语就不再那么像谜一样了；我毫不怀疑，自此之后，人人皆认同一件事——即，自身丧失者、自身拒绝者、自身牺牲者所感受到的那个乐趣，在一开始时是怎么回事：乐趣是残忍之事。——关于作为一种道德价值的“非利己”[2]的来

① 胸中的迷宫］参看歌德《在月亮上》。——编注

歌德原句为：“人们所不知道的/或者不曾想到的那些东西/穿过了胸中的迷宫/在夜晚徜徉。”——译注

② 此处“非利己”原文为名词 das Unegoistische。——译注

源，和对这种价值所生长的那块地面的勘界，暂时就说这么多：首
327 先是坏良心，首先是求自身虐待的意志为非利己的**价值**提供了
前提。

19

这是一种病，坏良心，这一点不容置疑，不过其为一种疾病，正如怀孕之为一种疾病一样。且来探寻一下，这种疾病是在怎样的条件下达到其最可怕和最精巧的极致：——我们将看到，那个随之才来到这个世界上的，到底是什么东西。不过，这需要长久的坚持不懈，——首先人们还必须再次回到一个早先的视点上去。之前已经谈到的债务人和债权人之间的私法关系，已经又一次，而且是以一种在历史学上极值得注意和疑虑的方式，被阐释到一种对我们现代人来说也许是最难以理解的关系里去：阐释到**当前之人**与其**祖先**的关系。在原初的同一世系成员内部——我们说的是原始时代——，活着的世代在面对更早的，尤其是最早的开创世系的那个世代时，总会承认某种法律义务（而绝非纯粹一种感情束缚：对于这后者，在人类世系的最长一段时期，人们甚至或许可以不无理由地从根本上予以否认）。这里是如下信念在主导：世系从根本上只因祖先的牺牲和业绩才得以**赓续**，人们要以牺牲和业绩**回报**祖先之所作所为：人们由此承认**亏欠**，这个亏欠还在持续增长，因为先人们作为有权势的神灵，在其持续的实存中，并未停止从他们的力量出发，为世系提供和预先提供新的福泽。大约是不计回报的罢？可是，对于那个粗野而“灵魂贫乏”的年代来说，没有什么是

“不计回报”的。人们能向祖先回赠什么呢？牺牲(起先是为了最 328
粗略意义上的供养)、节庆、颂祷、尊荣，而首先是顺从——因为一
切风俗(Bräuche)，作为祖先的作品，亦是他们的法令——：对他们
的回赠可曾足够？这份猜度始终留存，而且还在增长：它一次又一
次迫使举行一次通盘的大偿还，付给“债权人”一份巨大无比的报
偿(比如，臭名昭著的头生之献[①]，无论如何总是血，人的血)。照
此逻辑，在先王及其权力面前的**恐惧**，对之有**亏欠**的意识，必然恰
恰要随着世系本身之权力所增长的程度，随着世系本身已越来越
常胜、独立、受敬信、受恐惧的程度而增长。而决不是相反！世系
凋零的每个步骤，一切悲惨的偶然事件，蜕变和濒于瓦解的一切标
志，毋宁总是**减少**了对世系创建者之神灵的恐惧，总是越来越削弱
对于此神灵的聪明、远见和当场生效的权力的想象。且设想，这种
粗野逻辑推到最后的结果：经过不断增长的恐惧的幻想，终于，那
些**权势最大**的世系的先王们甚至长成为巨大无匹的怪物，被推回
到某种神一般的阴森叵测和无可想象的昏暗之中：——先王最后
必然变身为一个**神祇**。也许这甚至就是诸神的起源，也就是说，一
个出自**恐惧**的起源！……谁若似乎觉得还有必要加上一句“不过
也是出自虔敬呢！”但对于人类世系那段最长的时期，对于人类的
原始时期来说，或许很难站得住脚。对于那段**中间**时期来说，即高
尚世系形成的那段时期，就更是如此了：——其实就是这些高尚世
系的人们把一切品质连本带利回赠给了他们的创始者，回赠给先 329

---

① 头生之献(Erstlingsopfer)，泛指初民把大地初熟之谷物或头生牲畜献祭神灵，亦有献出第一胎婴儿者。《圣经·出埃及记》载，上帝与摩西约定，他把以色列人带出埃及后，“以色列中凡头生的，无论是人是牲畜，都是我的。”——译注

王（英雄，诸神），那些品质是此间在他们自己身上彰显出来的，那些高尚的品质。后面我们还将对诸神之贵族化和高贵化（当然绝不是“神圣化”[①]）的过程略作窥探：现在，让我们把这整个亏欠意识发展的进程暂且结束掉吧。

20

这种于神祇有所亏欠的意识，正如历史所教导的，在“共同体”的血缘组织形式衰落之后，亦未中止；人类从贵族世系那里继承到“好”与“坏”等概念（连同他们设立等级顺序的基本心理倾向），以相同的方式，通过世系和部族神祇的传承，他们还额外继承到跟未偿之债的压力和偿还此债的期望有关的概念。（那些广大的奴隶居民和从属居民则导致演变，他们或是通过强制，或是通过臣服和模仿，适应了他们主人的神祇崇拜：这份遗产于是从他们那里朝各个方面泛滥开来）。好几千年以来，对神祇的亏欠感没有停止增长，而且是按照神的概念和对神的感觉在大地上增长并被引向高处的比例而增长。（族群的战争、胜利、自行和解、自行融合的全部历史，每一次伟大的种族综合中所有民众元素的最终等级顺序确立之前所发生的一切[②]，就反映在他们的诸神的谱系纷杂之中，反映在关于诸神的战斗、胜利与和解之中；朝向一个普世帝国的进程

① “神圣化”(Heiligung)在此特指基督教意义上的“圣洁化”，亦即“救治”。——译注

② 每一次……]付印稿：每一次伟大的种族综合中所有民众元素的最终等级顺序确立的整个事实状态。——编注

始终也是朝向普世神祇的进程，而专制及其对独立贵族的驾驭，亦 330
始终是在为某种一神论开出道路。）所以，基督教之神，作为迄今所达到的最大级的神，其兴起亦使得大地上出现了亏欠感的最大值。假定我们总算进入了**相反**的运动，那么，根据对基督教上帝的信仰的无可阻挡的衰落，要推断说现在也已经有了一次人类亏欠意识的显著衰落，却是一点可能性也没有的；以为无神论完全而彻底的胜利可能把全人类从这样一整个亏欠感觉——即他们对他们的开端、对他们的 causa prima［第一因］有所亏欠——中赎换出来，这个指望断乎得不到证实。无神论和某种**第二次无辜**①是相辅相成的。——

21

对“亏欠”“义务”概念和诸宗教前提之间的关联，姑且简短粗略地说这么多：我是故意一直到现在都撇开这些概念真正的道德化过程（即这些概念反推到良心的过程，更确切地说，是**坏**良心跟上帝概念之间的纠结）不谈，在上一节的结论中甚至说到，这个道德化是怎样仿佛从来没有存在过，从而，在那些概念的前提，对我们的“债权人”、对上帝的信仰失落之后，那些概念是怎样从今以后仿佛必然不中用了。实际形势以一种可怕的方式偏离于我的说法。随着亏欠和义务概念的道德化，随着它们被反推到**坏**良心上

①“第二次无辜”（zweiter Unschuld），此处“无辜”（Unschuld）又可作“清白、贞洁”解，此盖讽刺“无神论者”想通过抹除已发生之事（道德史）以赢得“第二次清白”。——译注

去，人们其实就在进行尝试，去**倒转**上面描述的那个发展方向，至
331 少是要制止它：现在，恰恰是对一次一劳永逸的最终偿还的指望，**应该**悲观地闭合了，现在，这个目光**应该**毫无慰藉地从一个刚硬的不可能性上弹开、弹回来，现在，“亏欠”“义务”这些概念应该向后转——对着**谁**呢？无可置疑：首先是转向“债务人”，从今而后，坏良心在他这里在相当的程度上扎根、侵蚀、扩散，朝着一切的广度和深度息肉般地生长，直到最后，随着亏欠之不可偿还，忏悔之不可偿还，即忏悔之无法支付（关于“**永罚**”[①]）的想法，亦被构造出来——；然而最后甚至还会转向“债权人”，人们大概会在这里想到人类的 causa prima［第一因］，人类世系的开端，他们那些此后被诅咒缠身的先王（“亚当”，“原罪”，“意志的不自由”），或者想到人类从其怀抱中诞生、此后邪恶的原理被灌入其中的自然（“自然的妖魔化”），或者想到那个作为**无价值者自在地**剩余着的此在一般[②]（以虚无主义的方式抛弃这个此在而向往虚无，或者其“对立面”，某种有所不同者，佛教或诸如其类者）——直到我们突然一下站在了那条悖谬而骇人的出路面前，饱受折磨的人类在这里找到了一丝片刻的轻松，**基督教义**的那记神来之笔：上帝自己为人类的亏欠而牺牲自己，上帝自己给自己偿付，作为唯一者的上帝，唯有他能把对于人类本身已变得无法偿还的东西从人类这里还掉——债权人为他的债务人牺牲自己，出于**爱**（人们应该相信么？——），出于对他的债务人的爱！……

① “永罚”(der ewigen Strafe)或译“永刑”，参见《新约·马太福音》25:46：“这些人要往永刑里去，那些义人要往永生里去。”——译注

② “此在一般”(Dasein überhaupt)连读。——译注

22

随着所有这一切、在所有这一切底下其实都发生了些什么，人们大概已经猜到了罢：那种求自虐的意愿，从内部造就的、喝令自 332
己回到自身中去的、为驯化的目的而被关进“国家”里去的动物人的那种退缩的残忍，他发明了坏良心，为的是把自己弄痛，这时，这种疼痛意愿的更为自然的出路已经被阻断，——这种坏良心的人类猛然揪住宗教假设，为的是把他的自身折磨的强硬和尖锐推到最令人毛骨悚然的程度。一个对上帝的亏欠：这个想法对他成了刑具。他在“上帝”中抓到了他对自己真正的、无可摆脱的动物本能所能够找到的最后的对立物，他把这个动物本能本身读解为对上帝的亏欠（读解为对那些“主人”、那些“父亲”，对世界之始祖和开端的敌意、反抗和叛乱），他把自己绑在“上帝”和“魔鬼”这对矛盾之间，他把一切的“不”，他对自己、对自然、自然状态、实际状态所说的那声“不”，当作一声“是”从自己这里喊出去，当作存在着的、有生命的、现实的，当作上帝、上帝之神圣、上帝之审判、上帝的刽子手，当作彼岸，当作永恒，当作无止尽的折磨，当作地狱，当作惩罚与亏欠之不相抵。这是灵魂残忍中的一种意愿错乱，绝对无与伦比：人类这种要觉得自己有亏欠、应受谴责以至于要觉得自己不可饶恕的意志，他这种要设想自己受罚且此惩罚永不能抵罪的意志，要用惩罚与亏欠的问题侵染和毒害事物最底层的根据、从而把逃出“偏执理念”的迷宫的退路永久性地一举切断的意志，要树立一个理想——“神圣上帝”的理想——从而参照此理想对自己绝

对的无价值性了然于胸的意志。哦，关于人这只错乱悲伤的野兽啊！当它稍微受点阻碍不能成为有作为的野兽的时候，它生出了怎样的念头，爆发出怎样的反自然，怎样的疯狂之发作，怎样的理
333 念之兽性啊！……所有这一切，有趣得不得了，但也有一种黑色、阴暗、令神经枯竭的悲伤，以至于人们必须强行禁止过于长久地朝这个深渊张望。这里是疾病，这是没有疑问的，人类体内迄今肆虐的最可怕的病：——而谁若还能够听得见（人类今天可再没有听进这个的耳朵了！——）那爱的叫喊，那最被向往的迷狂的叫喊，在爱中得救赎的叫喊，是怎样响在这个折磨和悖乱的夜晚，他将躲开去，被一阵不可胜受的战栗攫住……在人类之中，有这么多骇人之事！……许久以来大地已是一个疯人院了！……

23

关于“神圣上帝”的来历，以上这些该是一劳永逸地足够了。——关于诸神的构想本身并非必然导致这种幻想——这种我们片刻难停地要让其如在眼前的幻想——变得低劣，比起欧洲在最近几千年中这种让人类自己将自己钉上十字架和自身戕害的纯熟技艺，曾经有过更加高尚的方法，去运用对神祇的编撰——这些，每当我们把目光投向希腊诸神，投到更高尚和更自为其主的人类的这些映像上时，便可幸运地见到，在这些映像中，人之中的那个动物感到自己成了神，不是自己把自己撕碎，不是自己对自己嘶吼！长久以来，那些希腊人运用着他们的诸神，为的恰恰是把那个“坏良心”挡在身外，为的是可以让他们的灵魂自由欢快地保持下

去：也就是说，以一种跟基督教用其上帝所做的相反的理解。他们 334
在这方面走得**非常之远**，这些壮丽的、狮子般勇敢的小子们；他们处处懂得，没有比荷马笔下的宙斯的权威更渺小的权威了，他们太看不起他了。“真奇怪！”有一次他说道，——讲的是埃癸斯托斯[①]的事情，一件**非常**坏的事情——

“真奇怪，终有一死者们竟这样控诉诸神！
恶只是从我们这里来的，他们以为；可是他们自己
因为不理智，又和命运作对，造成了灾难。”[②]

人们在这里马上听到和看到，这位奥林匹斯的观看者和法官远不会因此而为他们难过，把他们想得很坏：“他们有多**蠢**啊！”在终有死者的罪行跟前他是这样想的，而“愚蠢”、“不理智”，一点“头脑犯迷糊”，希腊人在其最强大和最勇敢的时代甚至也会这样大度地在自己这里**容忍**自己作为许多坏事和滔天大祸的根据：愚蠢，**不是**罪！你们理解这个么？……不过，甚至是这种头脑犯迷糊也是一个问题——“是啊，怎么可能会这样呢？到底能从哪里来的这个迷糊，来到**我们**这般拥有的头脑里，我们这种出身高贵、幸运、发育良好、有着最好的社会、具备高尚和美德的人类？”——数千年之久，高尚的希腊人每当遇及他们的某个同类所沾染上的他们无法理解的残暴与污秽之事时，都这样问自己。“肯定是某位**神祇**使他犯了傻”，他最后这样摇头对自己说道……这条出口对希腊人来说是**典型的**……以此方式，诸神在当时对人类的服务是，在使他们在

① 埃癸斯托斯(Ägisthos)：《奥德修纪》中阿伽门农妻子的情夫。——译注

② 《奥德修纪》卷一第32—34行。——编注[译按：此为宙斯语，“我们”指诸神；参见《奥德修纪》，杨宪益译，上海译文出版社，1979年，第2页。]

335 坏事中也得到相当程度的辩白，他们充当了恶的原因——当时，他们可不是给自己加惩罚，而是，**更加高尚地**，给自己加上了亏欠……

24

——看清楚了，我以三个问号结束。“这里到底是在树立还是打破一个理想呢?”人们也许会这样问我……不过，你们可曾充分地问过自己，大地上每一个理想的树立要有多么昂贵的付出呢?每次为此总要有多少现实被诽谤和误解，有多少谎言被神圣化，有多少良心被扰乱，有多少“神”被牺牲?为了一座圣殿树立起来，**必须有一座圣殿被摧毁**:这是法则——请指给我看看，它在何处未曾贯彻!……我们现代人，我们是数千年来对良心施以活体解剖和对自身施以动物虐待的继承人:这方面，我们有我们最长久的训练，也许有我们的技艺，无论如何都有我们的机巧，有我们在趣味上的沉溺。太长久了，人类用“邪恶目光”[1]看待他那些自然的偏好，以至于，在他身上这些偏好最终跟坏良心结合。一个相反的尝试**本身**或许是可能的——可谁强壮得足够这样做呢?——也就是说，让那些**反自然**的偏好，所有那些朝向彼岸的雄心，悖于感性者，悖于本能者，悖于自然者，悖于动物者，简而言之迄今为止那些全都在与生命为敌的理想，那些世界诽谤者之理想，让这些去跟坏良

① “邪恶目光”(bösem Blick)暗指德国民间迷信，谓恶人能以其凶恶目光害人。——译注

心结合。今日，这样的希望和要求要助于谁呢？……人们或将因而恰恰要反对那些善良的人；此外，合乎情理地，要反对那些舒适的人、和解了的人、虚荣的人、痴狂的人、疲惫的人……对他们来说，最深的侮辱，最彻底的揆隔，莫过于提示一些人们用以处置自身的严格和高峻之事！而反之——一旦我们像世人那样行事，像 336
世人那样让自己“率意而为”，世人则显得多么殷勤周到、爱意盈盈哦！……为了那样一个目标[①]，需要某种跟这个年代大概拥有的正好不同的精神：通过战争和胜利而得到力量的精神们，对它们来说，劫掠、冒险、危险、痛苦甚至已成为需要；为此要习惯高处尖锐的空气，冬日的漫游，习惯一切意义上的冰雪和高山，为此要有一种高妙的邪恶本身，伟大健康所具有的一种最后的、最心知肚明的有所认识的故意，说得足够简单和难听的话，需要的正是这种伟大的健康！……这个，恰恰在今天，究竟是不是可能呢？……不过无论何时，在某个比这个腐烂而自疑的当前更加强健的时代，他却必定会到来，那个有着伟大的爱和蔑视的解脱[②]之人，那个创造性的精神，他逼迫的力量一再把他推离一切别处和彼岸，他的孤独将受到民众的误解，仿佛那是在现实面前的一种逃避——：那孤独只是他朝现实中去的沉浸、埋没、深入，从而之后，当他再次现身之时，可以从中带回对这个现实的解脱：把现实从迄今为止的那个理想将它置于的那种逃避中解脱出来。这个未来人类，他将使我们解脱出来，从迄今为止的那个理想、也从那些必然从中生长出来的东

① 即上文所指反对好人、向他们提示严格与高峻之事。——译注

② “解脱”原文 erlösende，即基督教的“救赎”，然而此处尼采特用其“摆脱负担”之本义，而无关乎“赎罪”。亦见《善恶的彼岸》第 26 节。——译注

西那里，从巨大的恶心、求虚无的意志、虚无主义那里，把我们解脱出来，这一记伟大决断的正午钟声，重新使意志自由，他把大地的目标回赠给大地，把人类的希望回赠给人类，这个反基督者和反虚无者，这个胜过了上帝和虚无的胜者——**他必将到来**[①]……

337 ## 25

——可是我这都谈了些什么啊！够了！在这里，只有一点与我相宜，那就是沉默：不然我就会糟蹋那些交由他——一个比我更年轻者——一个更拥有未来者，一个更强健者——去处置的事体，那些交由**查拉图斯特拉**、**无神者查拉图斯特拉**去处置的事体。

① 带回对……]付印稿：成为对这个现实的解脱……这个把我们从迄今为止的那些理想中解脱出来的未来之人，这个胜过了上帝的胜者，必将到来。后被改动并加上第 25 节。——编注

第三篇　苦修理想[①]意味着什么？ 339

勇敢地，无忧地，嘲讽地，强暴地——智慧意愿我们如此：智慧乃是一个女人，始终只有一位战士。

——《查拉图斯特拉如是说》[②]

1[③]

苦修理想都意味着什么？——对于艺术家，什么也不意味，或者意味太多；对于哲学家和学者，意味着对于那些最有益于高级精神状态的前提条件的嗅觉和本能；对于女人，在最好的情况下，意味着**再多一些**诱惑的可爱，一点点美丽肉体的 morbidezza[绵软][④]，一只标致肥硕的动物所有的天使般的姿容；对于生理方面的不幸者和扭曲者们（终有一死者之**大多数**）而言，意味着一次尝试，试着去以为自己对这个世界来说“过于善良”了，一种放纵的神

---

① “理想”（Ideal）在此指人，即理想的苦修之人，或可译为“典范”（正如康德美学中“美的理想”的用法）。——译注

② 该书第一部第 7 章，“读与写”。——译注

③ 本节为后来所加，在付印稿中第二节为第三篇首节。——编注[译按：本节与第二节同时还收在《尼采反瓦格纳》“作为贞洁使徒的瓦格纳”一节中，文字稍有变动。]

④ morbidezza 是意大利语，本是绘画上特指把肉体处理得柔软的笔法，亦有“柔弱病态”之义，与尼采嘲讽现代人所用的“酥软”（mürb）近义。——译注

圣形式，是他们对抗缓慢的痛苦和无聊的主要手段；在教士们那里意味着真正的教士信仰，他们最好的权力工具，也是通向权力的“至高无上的”[①]许可；在圣徒们那里，最终意味着一个冬眠的借口，他们的 novissima gloriae cupido[最难消除的对荣耀的欲望][②]，他们在虚无（“上帝”）之中的安宁，他们发疯的形式。然而苦修理想对于人类终究有如许多意味，**这一点**表达出人类意志的基本事实，他的 horror vacui[对真空的恐惧][③]：**他需要一个目标**，——与其**无所**意愿，他宁愿意愿**虚无**。——人们会理解我吗？……人们理解过我吗？……“**完全没有，我的先生**！”——那么，我们从头开始吧。

340

2

苦修理想意味着什么？——或者，让我举一个人们经常向我咨询个没完的个案，如果一个比如像理查德·瓦格纳这样的艺术家在其晚年向贞洁致以敬意，那么这意味着什么？诚然，在某种意义上，他一直是这样做的；不过直到最后才是在一种苦修[④]的意义上。这个“意义”[⑤]之改变，这样一种极端的意义反转，意味着什么

---

① “至高无上的”原文为 allerhöchste，因“至高无上者”（der Allerhöchste）亦指上帝，故亦可指“来自上帝的”。——译注

② 盖化用塔西佗的格言“对荣耀的渴望甚至对智者来说都是最难消除者”（etiam sapientibus cupido gloriae novissima exuitur），参见塔西佗：《历史》，第 4 卷第 6 节。——译注

③ horror vacui，物理学上译为“（自然）厌恶真空”。——译注

④ 苦修（Asketik）亦有“禁欲”之意；瓦格纳早年则以韵事闻名，故云“反转”。——译注

⑤ “意义”原文 Sinnes，同时也指“感官”。——译注

呢？——要知道正是通过这样一种反转，瓦格纳直接跳到他的对立面那里去了。当一个艺术家跳转到他的对立面去，这意味着什么呢？……在这里——假定我们愿意在这个问题上稍作停留——我们会立刻回忆起瓦格纳也许曾经有过的其生命中那个最好、最强健、最快活、最有气势的时期：当时，他在内心深处沉浸于关于路德婚礼[1]的想法。谁知道呢，靠着什么样的偶然事件，人们今天没有听到婚礼音乐却见到一群工匠歌手？而在这群歌手中，也许还听得到多少婚礼音乐的余音哩？不容置疑的是，那段“路德的婚礼”本来也是在赞美贞洁。当然，又是在赞美感性：——而这在我看来正是恰当的，这本来正是“瓦格纳式的”。因为，在贞洁和感性之间并无必然的对立；每一段好姻缘，每个真正的心爱关系，总是超越这个对立。瓦格纳本来，在我看来，做得很好，借助一出可爱而勇敢的路德喜剧，让他的德国同胞们再次品尝了这种惬意[2]的实情，因为，在德国人中现在和过去总有许多感性的诽谤者；而路德的功绩之大，也许正莫过于他拥有追求他的感性的勇气(——当 341
时人们十分委婉地称之为“福音的自由”[3]……)即使在贞洁与感性竟然对立的情况下，在幸运的时候也远不必是悲剧性对立。这

① 1868年瓦格纳为了纪念宗教改革350周年，开始撰写题为《路德的婚礼》的歌剧底稿(未完成)，描述关于路德与天主教的决裂和他与一位前修女的婚姻；其中路德形象以他自己当时的状态为原型，其时他苦于与柯西玛的私情，并为了让她离婚再嫁而授意其退出天主教。——译注

② 康德在《判断力批判》中把“惬意”(angenehm，或译为“快适”)视为由感性而来、有利害的快感。——译注

③ “福音的自由”(evangelische Freiheit)在此当指路德依据保罗书信在《论基督人的自由》中的观点：“每个基督人皆是超越万物的自由主人，不臣服于任何人；每个基督人皆是万物的谦卑仆人，臣服于任何人。”——译注

一点至少可以适用所有发育良好、朝气蓬勃的终有一死者们，他们远不至于把自己在“动物与天使”[1]之间的脆弱平衡冒失地算作反对此在的理由，——最精细者和最明朗者，如歌德，如哈菲兹，甚至在这里更多看到生命之魅力。这种“矛盾”恰恰将人引诱向此在……另一方面，再清楚不过的是，如果有一天那群遭遇不幸的猪被驱使着向贞洁礼拜——是有这样的猪哩！——它们所看见和礼拜的，只是它们的对立面，遭遇不幸的猪的对立面——哦，可以想象，会带着怎样悲剧性的咕噜和热切呵！——那个难堪而多余的对立面，那个无可争议是瓦格纳在他生命的尽头还想要放到音乐里和舞台上去的对立面。[2] 到底是为什么呢？人们可以公道地问一句。那群猪跟他、跟我们又有什么相干呢？——

3

此处诚然不可回避那个与此不同的问题，那种男人的（嘿，又那么不男人的）“乡下的单纯”，那个可怜虫和淳朴后生，他费了如此繁难的手段最终弄得合乎天主教义的帕西法尔，跟他到底有什么相干呢——怎么？这个帕西法尔竟有严肃的用意？也就是说，人们本来可以试着揣度甚至是指望相反的情况，——即，瓦格纳的

---

① 语出蒙田及帕斯卡尔（“人既非天使，又不是禽兽；但不幸就在于想表现为天使的人却表现为禽兽。”），参见帕斯卡尔：《思想录》，何兆武译，商务印书馆，1985 年，第 161 页。——译注

② 盖指瓦格纳直到临终亦未改定的歌剧《唐怀瑟》，讲一位骑士摆脱肉欲从教宗得到救赎的故事，与《路德婚礼》的命意正相反。——译注

帕西法尔本意上是明朗的,犹如终幕和萨蒂尔剧[1],悲剧家瓦格纳本来是想要用这个人物以一种正好适合于和配得上他自己的方式向我们,也是向他自己,而首先是向**悲剧**作个告别,也就是说,用一 342 次恣肆的戏仿来告别,这是对大地上以往所有严肃与悲辛,对苦修理想的反自然中那个最终被克服掉的**最粗糙的形式**,所作的最高明和最恶意的戏仿。这样的做法,如前所述,本来正配得上一个伟大的悲剧家:悲剧家,如同一切艺术家,唯当他知道把自己和自己的艺术看得**低于**自身的时候,才是登上其伟大的巅峰,——当他知道对自己作**嘲笑**的时候。瓦格纳的"帕西法尔"是他对自己所发的隐秘的优越之笑吗?是他奋力争得的最终和最高的艺术家自由与艺术家超脱[2]的胜利吗?如前所述,人们本来是可以这样指望的:**用意严肃**的帕西法尔还会是什么样子的呢?在他身上,难道非得看到(正如有人在反对我时暴露出来的那样)"对认识、精神和感性的一种发狂憎恨所生的畸形"不可么?看到在同一种憎恨和呼吸中对感官和精神所下的诅咒?看到一次拜倒在诸种患着基督教病的蒙昧主义的理想门下的叛教和倒退?最后简直是非要看到从艺术家这一方面出发所作的一次自己对自身的否认,自己对自身的抹杀,直到那时以前,仗着他意志的全部权力,这位艺术家曾经出神地醉心于相反的东西,也就是说,醉心于把他的艺术作**最高的精神化和感性化**?不只是对他的艺术,对他的生活亦然。可以回想一下,在他的时代,瓦格纳曾多么激动地跟上哲学家费尔巴哈的足

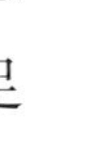

① 或暗指悲剧的古希腊渊源,其时悲剧表演多上演三部曲(终幕即指最后一部)加一出萨蒂尔剧。——译注

② "艺术家自由"与"艺术家超脱"皆作一气读。——译注

迹：费尔巴哈关于“健康感性”[1]的话——在三四十岁的瓦格纳那里，正如许多德意志人(他们自称为“德意志青年”[2])一样，犹如救赎之音。他最终在这方面改习转性了么？因为至少似乎他最后还有在这方面改习转性的意愿……而且不止是叼着帕西法尔长号[3]走下舞台：——在他最后年岁所作的阴郁的、既不自由又无定见的
343 写作中，有成百上千处地方透露出一种隐秘的愿望和意志，一种沮丧、不肯定、不承认的意志，要全心全意地为回头、皈依、否认、基督教和中世纪布道，对他的门徒们说“什么也没有，到别处去寻救治吧！”甚至还一度向那个“救赎之血”[4]吁求……

4

且让我在这样一个颇为难堪的例子中——而且是一个典型的例子——道明我的意思：人们最好肯定是把一个艺术家跟他的作品分离到这样一个程度，让人们对待他本人不像对他的作品那样严肃。他最多不过是他作品的前提条件，是子宫、土壤，在某些情

---

① 据戴瑟尔，参见费尔巴哈：《未来哲学论纲》(Grundsätze der Philosophie der Zukunft，1843 年)，尤其第 31 节以下。——译注

② 或兼涉“青年德意志派”，1830 年七月革命后在德意志涌现的一批作家。——译注

③ 据戴瑟尔，此处暗指《帕西法尔》对长号的特殊运用：乐池中三只，舞台外六只，相当罕见；第一幕开场以长号奏出主要动机，表达基督教特有的对性的升华的爱的主题。——译注

④ “救赎之血”，本指耶稣基督的血，《帕西法尔》的故事就是由盛过圣血的圣杯展开。据戴瑟尔，参见理·瓦格纳：《诗文合集》，莱比锡，1907 年，Ⅹ，第 280 页以下。——译注

况下是肥料和粪便，在它上面、从它中间生长着作品，——因此之故，在大多数情况下，他是某种人们想要享受作品本身就必须忘却的东西。洞察一件作品的**来历**是精神之生理学家和活体解剖者的事情：从来不曾，也永远不会跟那些审美人、那些艺人有什么关系！对《帕西法尔》的撰述者和安排者来说，深深沉浸和下降到中世纪的灵魂对抗中去，过一种彻底的、甚至是恐怖的生活，抱着敌意摈隔于精神的一切高度、严格和教养之外[①]，就很难避免一种知性的**倒错**[②]（但愿人们会体谅我用这个词），就像一个孕妇难以避免妊娠的作呕和难受：如前所言，人们必须**忘掉**这些，以从孩子那儿得到乐趣。人们应该防止混淆，由于心理学上的连接（这样英国人就听得懂了）[③]，一个艺术家可是太容易犯上这种混淆：仿佛他本人就**是**他所能表现、构思、表达的那些东西。其实情况是，**倘若**他正好**是**的话，他就绝对不会表现、构思和表达出这些东西来；倘若荷马竟是一个阿喀琉斯，歌德竟是一个浮士德的话，那么荷马就撰述 344
不出阿喀琉斯，歌德就撰述不出浮士德了[④]。一个完满和全面的艺术家永远是跟"实际的"、现实的东西相分离的；从另一方面看，要知道，他会多么疲于应付他最内在的此在的那种永恒的"不实际"和虚假，时或至于绝望，——然后，他很可能会尝试着，越界进入那个恰恰对他禁止最严的事物，到现实事物中去，**成为**现实。取

① 抱着……］付印稿：与精神的一切明亮和壮丽断然摈隔。——编注

② "倒错"（Perversität）其时多指趣味（常与性相关）的不正常和病态，激起"恶心"。参见《迈耶尔辞典》1905 年版。——译注

③ "连接"原文为英文 contiguity；休谟把观念的连接分为三种关系：类似、时空接近、因果关系（《人性论》第一章第四节）。"联结"即第二者。——译注

④ 歌德就……］参看《人性的，太人性的》1978 年版 211 节。——编注

得了哪些成功呢？人们会猜到的……这是艺术家典型的臆想[①]：进入老年的瓦格纳堕入的也正是这种臆想，瓦格纳不得不为此付出昂贵的、灾难性的代价（——他为此失去了部分宝贵的朋友）。不过说到最后，且完全不论这个臆想，为瓦格纳自己着想，谁会不希望他当时给我们和他的艺术作一个**不一样**的告别，不是以一个帕西法尔，而是更充满胜利、更有自知之明、更瓦格纳式的告别，——就他的完整意愿而言，不那么误导，不那么暧昧，不那么叔本华，不那么虚无主义？……

5

——那么，苦修理想意味着什么呢？就一位艺术家而言，我们直截了当地将之把握为：什么也**没有**！……或者意味繁多，多得就像什么也没有一样！……让我们首先排除掉艺术家们：这些人[②]立足于世界之中和**反对**世界时还远不够独立，以至于他们的价值评估及其变迁**就其本身而言**并不值得参与！他们在所有时候都是某种道德或哲学或宗教的侍从；还完全不用说，可怜他们还常常是他们的拥趸和恩主的太过柔佞的侍臣，是古老的或新近刚刚出现
345 的暴力的嗅觉灵敏的谄媚者。至少，他们总是需要一面护盾，一座靠山，一位已经奠定好的权威：艺术家从来不曾自立，独自站立有

① “臆想”原文 Velleität，源自经院哲学中与实际意志（velle efficax）、绝对意志（voluntas absoluta）相对的无行动、无力量的意志。参见《艾斯勒哲学概念辞典》1904年版。——译注

② 让我们……]自用样本：这最终有什么关系呢！——艺术家先生们。——编注

悖于他们最深的本能。比如理查德·瓦格纳就是这样对待哲学家叔本华的，一旦“时机需要”，便把他当作他的前排，他的护盾：——有谁想哪怕只是设想一下，倘若没有哲学家叔本华给他当靠山，没有叔本华在70年代欧洲占了上风的权威，他会有勇气去当一个苦修理想？（这里还没有去估计，在这个新德意志，倘若没有虔诚的和虔诚于帝国的思考方式的乳汁[①]，一位艺术家究竟是否可能。）——这样，我们就来到那个更加严重的问题了：一位现实哲学家，一个像叔本华这样真正自立的精神，一个有着青铜般目光的男人和骑士，他有勇气面对自己，知道独自站立而不必先等候前排或者听更高级的指示，如果他竟效忠于苦修理想，这意味着什么？[②] ——这里，我们马上来考虑一下叔本华那很值得注意的，甚至会令某些种类的人神往的艺术立场：因为，显然当时正是首先因为这个立场，理查德·瓦格纳才投向叔本华（正如人们知道的那样，是被一个诗人，被赫尔维克[③]说服的[④]），而且走到这样的地步，他早期和晚期的美学信念之间，被一个完满的理论矛盾撕裂了，——前者见于比如《歌剧与戏剧》，后者见于他1870年以后的

① 参见《善恶的彼岸》第229节译注；所引语出席勒《威廉·退尔》，第四场第三幕，直译为“虔诚思维方式的乳汁”（die Milch der frommen Denkungsart），后成为德语中一句惯用语，指虔诚无猜嫌的心态。——译注

② 这样，……]这段被尼采于自用样本上划去。——编注

③ 赫尔维克（Georg Friedrich Rudolph Theodor Herwegh），德国诗人，有社会主义和革命倾向，参加1848年革命后出走瑞士，后他在瑞士的住所成为包括瓦格纳在内的文艺人士的聚会场所。——译注

④ 理查德……]参看理·瓦格纳：《我的生活》，马丁·格列戈尔-德林编，慕尼黑，1969年，第521—522页。尼采是通过私人印本看到瓦格纳自传的，此印本有三卷：第一卷（1813—1842年）于1870年、第二卷（1842—1850年）于1872年、第三卷（1850—1862年）1875年于巴塞尔印出。第四卷（1861—1862年）1880年于拜洛伊特印出，尼采终身未见；参见马丁·格列戈尔-德林的后记。——编注

文字。最为怪异的是，瓦格纳从彼时起义无反顾地尤其改变了他对音乐本身之价值和地位的判断：对他来说重要的是，到那时为止他在音乐中造出了一个手段，一个媒介，一个“女人”，它为了茁壮
346 成长当然需要一个目的，一个男人——也就是戏剧！他一下领会到，要 majorem musicae gloriam[愈显音乐之荣][1]，依仗叔本华的理论与创新更有可为，——也就是依仗音乐的全权自主，正如叔本华所见：音乐被置于其他一切艺术之外，是独立的自在艺术，而不是像其余那样给出现象状态(Phänomenalität)的摹本，它毋宁说是以唯一(des)意志本身的语言在言说，直接从“深渊”中一跃而出，作为它最本真、最源初、最不经推导的启示。伴随着这种对音乐之价值的超常擢升——好像这是从叔本华哲学中长出来似的——，音乐家本人也前所未闻地一下大获称赏：从此以后他成为一个传神谕者，一个教士，其实还不止是教士，而是事物之“自在”的一种喉舌，一座彼岸的电话机，——从今而后他谈的不只是音乐，这个神之腹语者，——他谈的是形而上学：终有一天他要谈起苦修理想，又何足为奇呢？……

6[2]

叔本华把康德对美学问题的论述拿来使用，——然而，他肯定没有以康德的眼睛来观察。当康德在美的谓词中特别推重和标举

① 盖戏仿基督教中著名的口号、耶稣会会训 Ad Majorem Dei Gloriam [愈显主荣]。——译注

② 参看科利版第9卷，25[154]。——编注

出那些成就了认识之荣誉的谓词——非个人性,普遍有效性——的时候[①],是意在向艺术致以敬意。他的看法是否基本上是一个错解,此处置之不论;我想强调的只是,和所有哲学家一样,康德也不是从艺术家(创作者)的经验出发去考察美学问题,而只是从"观看者"出发思索艺术和美,同时不知不觉把"观看者"本身安放到"美"的概念中去了。可是,谈美的哲学家们哪怕至少对这个"观看者"有足够的认识也好啊!——也就是说,认识到他是一种伟大的 347
个人的事实和经验,是美的领域里一份充足的最本真、最强健的体验、欲望、惊奇、迷狂!但恐怕事情总是相反:于是,我们从一开始就立刻从这些哲学家那里得到了些定义,其中,正如在康德对美所下的著名定义中,缺乏较为精细的自身经验,这里包藏着一个很大的基本错误。康德说:"美是**无利害**地令人愉悦的"。无利害!可以把这个定义跟一位现实的"观察者"和艺人所下的另外一个定义比较一下——司汤达,他有一次称美为幸福的允诺[②]。无论如何,

① 此节中与康德相关处参见康德:《判断力批判》第一部分第一章第一卷"美的分析论"。——译注

② 司汤达……]参看司汤达:《罗马、那不勒斯和佛罗伦萨》,巴黎,1854 年,第 30 页,尼采图书遗藏:"在我看来,美从来只不过是幸福的允诺(La beauté n'est jamais, ce me semble, qu'une promesse de bonheur)。"——编注[译按:据《尼采频道》,上引出处司汤达原文为:"我离开了圣保罗赌场。在我的一生中我从未见过如此美丽的女人的聚会;她们的美使人无法直视。对一个法国人来说,这种美有一种高贵而又阴沉的品质,它使人向往激情的幸福,而非一场快活的风流韵事的那种短暂的快乐。美,在我看来,只不过是幸福的承诺。"]

此句因尼采和波德莱尔的引用而知名的格言,亦见于他的《爱情论》,或译为"幸福的指[期]望"。司汤达言感性印象在某种状态下可"结晶",此时其人发现恋人的美,激发起他对幸福的种种指望,此时,美就是"他对她连续形成的各种愿望得到满足的总和"(黑体为原作者所标),不过他也说,美给了人心灵的指望各依人之性格而不同,它"超出肉体的诱惑,后者只是一种特殊类型"。可参看司汤达,《爱情论》第 11 章以及第 10、17 章,刘阳译,天津人民出版社。——译注

这里**拒绝**和排除的恰恰是康德在审美状态下所唯一强调的那个东西：不计利害[①]。谁是对的，康德还是司汤达？——据说在美的魔力下**甚至**能够“无利害”地观看一个一丝不挂的女子的塑像，对此，如果我们的美学家们确实不惮烦劳地做出有利于康德的斟酌，那么人们尽可以嗤笑他们所花的力气：——在这个棘手的方面，**艺术家**们的经验可是“更讲利害”的，无论如何，皮格马利翁就**未**必是一个“无审美的人”。[②] 让我们把我们的美学家们在这些论证中所反映出来的那种无辜想得更美好一些吧，让我们把比如康德以乡村神甫式的质朴对触觉的独特之处所作的教导[③]看作康德们的荣耀吧！——这里，我们回到叔本华，他在一个与康德完全不同的程度上亲近于诸种艺术，而并没有越出康德定义的樊篱：何以如此？相关奇怪：他以最个人的方式来阐释“无利害”一词，从在他必定曾经
348 是最合乎规则的一种经验出发。叔本华很少会把事情说得像说到审美静观（Contemplationen）的作用时那般有把握：关于这个作用他的说法是，它恰恰跟**性**的“利害状态”起相反的作用，类似蛇麻素跟樟脑之相反，他从不倦于把**这样一种**从“意志”那里的逃脱当作审美状态的大优点和大用途来歌颂。人们倒很想在这里试着问一

① “不计利害”原文为法语 le désintéressement，兼有“不感兴趣”和“不计利害”二义；同理下文“更讲利害”（interessanter）亦可解为“更有趣”。——译注

② 希腊神话中，塞浦路斯国王皮格马利翁（Pygmalion）创作并爱上一尊女子雕像，爱神乃赋予雕像生命，以遂其愿；此处“无审美的人”亦暗用西文“审美”（ästhetisch）的希腊语原义“感性”。——译注

③ 康德认为雕刻艺术使形象在视觉和触觉上成为可感知的，但“后者并不着眼于美”，而且一尊雕像“只是为了直观而创作出来的”，“在这里感官真相（Sinnenwahrheit）不能走得太远，以至于它不再显得是艺术和随性之作了。”参见《判断力批判》51 节。据史密斯，当参见《实用人类学》中的《论触觉》。——译注

下，他关于“意志和表象”的基本构想，认为唯有通过表象才可能有从“意志”解脱的想法，其根源难道不是对那种性经验的某种普遍化么？（关于叔本华哲学，顺带提醒一下，尽管问题多多，绝不要忽略，它是一个二十六岁青年[①]的构想；所以，它不仅跟叔本华的特殊因素相关，也跟那个生命季节的特殊因素相关。）让我们从他推崇审美状态时所写下的无数段落中挑个例子，表达得最好的一段（《作为意志和表象的世界》第一卷，第231页[②]），听一下吧，听听里面的音调，听听道出下面这些话时的苦难、幸福、感激。“这是没有痛苦的状态，伊壁鸠鲁称赞它是最高的善，是诸神的状态；在那样一个瞬间，我们是摆脱了意志卑下的渴求，庆祝着意愿苦役的安息日，伊克西翁之轮[③]停下了”……怎样一种言辞的激荡呵！怎样一种烦恼和长期厌倦的画面呵！“那样的瞬间”，平日转动着的“伊克西翁之轮”，“意愿的苦役”、“意志的卑下渴求”中有怎样一种几乎属于病理学的跟时间的对峙（Zeit-Gegenüberstellung）呵！——假定叔本华就他个人而言正确了一百次，然而这跟对美之本质的洞察又有什么相干呢？叔本华描述了美的一种作用，安抚意志的作用，——这难道不仅仅是一个常规作用么？司汤达，如前所言，一个比起叔本华并非更不感性、但却更幸运地成长起来的人物，突

① 叔本华25岁以《充足理由律的四重根》获博士学位，30岁写出《作为意志和表象的世界》。——译注

② 《作为……》见于弗劳恩斯塔特版（Frauenstädt-Ausgabe）。——编注［译按：参见叔本华：《作为意志与表象的世界》，石冲白译，杨一之校，商务印书馆，1982年，第274页。］

③ 伊克西翁（Ixion），希腊神话中帖撒里国王，因追求赫拉而被宙斯缚在车轮上于地狱永世受罚。——译注

349 显的是美学的另一作用："美允诺幸福"，对他来说，事实恰恰是通过美而有"意志之激发"（"利害"之激发）。最后对叔本华本人是不是可以反驳说，他在这里自以为是个康德主义者是大错特错，他完全不是在康德的意义上理解美的康德式定义，——他也是出于某种"利害"才为美所愉悦的，甚至是最为强大和个人攸关的"利害"：受苦刑者要逃脱苦刑？……而且，回到我们第一个问题，"当一位哲学家效忠于苦修理想，这意味着什么？"，这里我们至少得到了初步的启示：他想要从一次苦刑中逃脱。——

7

我们要防止自己一听到"苦刑"这个词就阴下脸孔：恰恰在这种情况下，总是尽可以从反面去想，尽可以打折扣，——甚至总是有些可笑之处。我们尤其不要低估以下几点：事实上把性当作私敌（包括性的工具，女人，"instrumentum diaboli［魔鬼的工具］"[①]）的叔本华，必需有些敌人才会好过；他喜爱那些暴怒狂躁的青黑色的言辞；他是出于激情（Passion），为了发怒而发怒；倘若没有他的敌人，没有黑格尔、女人、感性，或没有整个对于此在与在此持存的意志，他就会生病，就会成为悲观主义者（——因为他不是，即使他那么希望自己是）。否则的话，叔本华就不会在此持存，可以打赌，他会逃开此地：不过，他的敌人把他抓住了，他的敌人总是一再地

① 据戴瑟尔，参见叔本华在《附录与补遗》第二卷中的著名论文《论女人》。——译注

引诱他到此在,他的怒气,跟古代犬儒主义者的情况完全一样,是他的提神剂,他的疗养,他的酬劳,他的抗恶心药,他的幸福。关于 350 叔本华的例子中的最个人化之处,就说这么多;从另一方面看,他身上还有些典型之处,——到这一步,我们才又回到我们的问题。只要大地上有哲学家,凡哲学家曾经所在之处(从印度到英格兰,这样说可囊括哲学上最相对立的禀赋),皆无可争议地存有一种针对感性的真正的哲学家敏感和哲学家愠怒——叔本华只是它最便于辞令、也是——如果人们有这样的耳力的话——最振聋发聩、动人心魄的发作——;同时,对于苦修理想,也存有一个真正的哲学家偏好和哲学家衷情,对此人们不该欺骗自己。如前所言,两者皆属典型;一个哲学家若缺少此两者,则——对此大可肯定地说——永远只是个"所谓的"哲学家。这意味着什么?人们终究首先必须阐释这个事实要件:它这样无知无识地自在着,直到永远,就像"自在之物"那样。每种动物,因此也包括 la bête philosophe[哲学动物],都本能地追求最有利于完全释放他的力量、达到最大权力感的诸条件的某种最优方案;在这条通向最优方案的道路上(——我所说的,不是通向其"幸福"的道路,而通向其权力、行动和最有权势的行为的道路,而在绝大多数情况下其实是通向其不幸的道路),每种动物都同样本能地、带着一种"高于一切理性"的精细嗅觉断然厌弃一切出现或者可能出现的干扰和障碍。以此方式,哲学家断然厌弃婚姻,连同一切可能说服他结婚的东西,——干扰和阻碍他达到最优方案的婚姻。迄今为止,哪一位伟大哲学家结了婚呀?赫拉克利特、柏拉图、笛卡儿、斯宾诺莎、莱布尼茨、康德、叔本华——他们都不是;不仅如此,人们甚至从来不能想象他们是已

351 婚的。一个已婚哲学家该去演喜剧，这是我的命题：而那个例外，苏格拉底，那个恶毒的苏格拉底，ironice［反讽地］[①]结了婚，好像特地是为了演示这个命题似的。每个哲学家都会像佛陀曾经那样，当他得知生了儿子，说道："我生了罗睺罗[②]，我打造了一副镣铐[③]"（"罗睺罗"在这里的意思是"一个小妖"）；每个"自由的精神"都必定会有这样陷入沉思的时刻，假定他们之前有过一个有欠思量的时候，就像同样是佛陀曾经有过的那样——"他自忖道，在家的生命是逼仄的，是一处不洁的处所；自由即出家"："当他作如是想时，他便离开了家[④]"。正是在苦修理想中，出现过那么多通向独立性的桥梁，以至于一个哲学家在听到所有发愿者（Entschlossenen）们的故事时，不能不有种内在的欣幸并拍手叫好，那些发愿者们都在某一天对一切不自由说"不"，随意走入一片荒野：他们甚至假定自己只是强健的驴子，是某个强健精神的最彻底的反面。照此说来，在一个哲学家这里，苦修理想意味着什么呢？我的答案是——人们早就该猜中了：哲学家，当望见最高级和最果敢的精神状态所需条件的某个最优方案时，他报以微笑——由此他不是在否认"此在"，这里毋宁是在肯定他的此在，仅仅是他的此在，这里肯定也许到了近于那种最下作愿望的地步：pereat mun-

① Ironice［反讽地］是中世纪拉丁文，在经院哲学语境下或可解为"悖谬地"，故下言演示命题。——译注

② 罗睺罗（Râhula）：又译罗侯罗、罗怙罗、罗护罗或罗云，意译覆障或障月，释迦牟尼佛独生子和十大弟子之一。——译注

③ 我生了……］参看赫·奥尔登堡：《佛陀：他的生平、学说与教众》，柏林，1881年，第122页，尼采图书遗藏 。——编注

④ 他自忖……］参看上引奥尔登堡，第124页。——编注

dus, fiat philosophia, fiat philosophus, *fiam*[让世界毁灭吧,哲学来到,哲学家来到,**我来到**]![1] ……

8

人们看到,他们并不是苦修理想之**价值**未被收买的证人和法官,这些哲学家们!他们思考**自己**,——“神圣者”跟他们有什么相干呢!他们在这里思考的是恰恰**对他们而言**最不可或缺的东西:强制、干扰、喧闹,从事物、义务、担忧解脱出来的自由状态;头脑的 352
神圣状态;思想的舞蹈、跳跃和飞翔;一处好空气,稀薄、清新、自由、干燥,就像高处的空气,处于其中一切活的存在都变得更精神性,都长出了翅膀;所有地下室中的安宁;所有都乖乖拴着链条;没有敌对和胡乱发火的吠叫;没有受伤的野心蠕虫般啮咬;内脏谦退而恭顺,又像磨轮机齿一样勤奋,不过隔得很远;心则疏远,超脱,属于未来和身后,——至关重要的是,他们在苦修理想上思考的是那种明朗的苦修主义,一种被神圣化的、羽翼丰满的、更多是徜徉而非休止于生命之上的动物所行的苦修主义。人们知道苦修理想的那三个皇皇大词:贫穷、服从、贞洁[2]:且从近处看看一切伟大、多产、善于发明的精神所活的那种生命,——其中可以在某种程度

① 据戴瑟尔,此化用拉丁格言 Fiat justicia, pereat mundus[让世界毁灭吧,但使正义得行]。据《尼采频道》,此格言叔本华在《论宗教》中则将之改写为 vigeat veritas, et pereat mundus[让世界毁灭吧,但使真理得兴],参见《附录与补遗》第 2 卷 15 章第 174 节《论宗教》。——译注

② 天主教修道人须发贫穷、贞洁和服从三大誓愿。——译注

上反复找到这三者。不用说，绝对**不是**指，这三者是他们的什么“美德”——这个种类的人要美德来干什么呢！——而是他们的**最佳**此在、他们的**最美**产出所需的那些最根本、最自然的条件。这时完全可能的是，他们的主导性精神状态从一开始就给一种无拘无束、容易激动的自负或者恶意的感性套上了缰绳，或者它相当艰难地以心和手去维持自己求“荒野”的意志，以对抗某种朝向奢华和最精挑细选之物的偏好，同时也是对抗某种挥霍性的自由放纵(Liberalität)。不过，这种精神状态在做这些时恰恰是作为统治性的本能，那个不顾其他一切本能而贯彻自己要求的统治性本能——它还要做下去；倘若不做，它也就不再统治了。也就是说这跟“美德”无关。顺带说一下，我刚才说的那个**荒野**，这些强健的、培养得很独立的精神所退隐和独居的荒野——哦，他们作为有教
353 养者在梦想一片荒野，看来多么奇怪呀！——在有些情况下，可能就是他们自己，这些有教养者们。肯定，所有的精神演员在这里都绝对忍受不下去，——对他们来说，此地远不够浪漫，不够叙利亚[①]，远非剧场荒野(Theater-Wüste)！虽然如此，此地也并不缺乏骆驼[②]：不过这就是全部的相似点了。也许是一种任意的蒙昧；一种自己在自己面前的躲避；一种面对喧哗、尊崇、报纸、影响时的害羞；一个小职位，一段平常日子，一种隐蔽多于暴露的东西；一点与无害闹腾的禽兽们的偶尔交道，看到它们便有治疗作用；一座朝向社会的山，但不是死寂的，而是一座有**眼睛**(即有湖泊)的山；有

① “不够叙利亚”，此叙利亚当指罗马帝国时的叙利亚行省，包括今日叙利亚、以色列、黎巴嫩等地，是基督教，亦是其早期苦修传统(沙漠教父)的发源地。——译注

② 据考夫曼，此处“骆驼”在德语中亦可指傻瓜。——译注

时甚至是一座挤满人的普普通通的小旅店，人们肯定能混迹于其中，可以没有危害地跟谁说说话，——这就是此地之“荒野”：哦，它是足够孤独的，请相信我！当赫拉克利特退隐到阴森的阿尔忒弥斯神殿[①]的宫院和柱廊里去的时候，这片“荒野”就更珍贵了，这一点我承认：为什么我们**缺少**这样的神殿呢？（也许我们并**不是**没有：我刚刚回想起我最美好的书房，在圣马可广场[②]，前提是在春天，同时是上午，在10点到12点之间。）可是，赫拉克利特所避开的，跟**我们**现在要避开的，恰恰还是同一个东西：喧哗，以弗所[③]民主党人的聒噪，他们的政治，他们对“帝国”（人们知道我说的是波斯）的好奇，他们关于“今日”的那些市贩杂碎，——因为我们哲学家最先需要的是唯一一种安宁，——先于一切“今日”。我们尊崇寂静、寒冷、高尚、遥远、已消逝者，说到底就是一切灵魂在面对时不必自为防备和自为束缚的东西，——一些在谈到时不必说得**大声**的东西。只要去听听一个精神在说话时发出的声音吧：每个精神都有它的声音，都爱它的声音。在那里它必须是比如一个煽动者，我要说的是，一个空脑壳，一口空锅：一切传进去的都会再传出来，又闷又厚，因巨大空洞产生的回声而变得沉重。那样的精神很 354
少不是沙哑地说着话：也许它已经沙哑地**思考**过了？这倒真有可

① 据拉尔修《名哲言行录》第九卷第一章，赫拉克利特曾隐居于阿尔忒弥斯神殿，与孩童嬉戏，并对围观的同胞说，这远胜于参加你们的公民生活。——译注

② 圣马可广场（Piazza di San Marco）：威尼斯中心的广场，是欧洲最大的广场之一，因威尼斯水路交通发达而免于车马喧嚣。——译注

③ 以弗所（Ephesier）：位于今土耳其，古小亚西亚西岸，爱奥利亚的希腊殖民城邦，赫拉克利特故乡，有著名的阿尔忒弥斯神殿，古代七大奇观之一；后又成为早期基督教的一个重要活动基地。——译注

能——该去问一下生理学家们——，而用言辞思考者，是作为谈话者而思考，不是作为思想者而思考(由此可见，他从根本上不是在思考事情，不是切于事情地思考，而只是在关于事物作思考，他其实是在思考他自己和他的听众)。这个第三者[1]说话时便咄咄逼人，他跟我们的身体靠得太近，他的呼吸呵到我们，——我们不由自主会闭上嘴，虽然他用来朝我们说话的是一本书：他的风格的声响道出了其中的缘故，——他没有时间，他断然地自己相信自己，他要么今天说完，要么永远不说了。然而一个自己知道自己的精神则轻声地说话；他寻求隐匿，他让人等待自己。人们从这一点上认出一位哲学家，他避开三样闪耀响亮的事物，名声，君主和女士：这不是说，此三者不会来找他。他羞于太过明亮的光线：因此，他羞于他的时代，和这个时代的"白昼"[2]。他在其中是一个阴影：太阳越是落到他后头，他就变得越伟大。说到他的"顺从"，他是像忍受黑暗那般也忍受着一种特定的独立和黯淡：不仅如此，他还害怕闪电的惊扰，面临一棵过于孤立暴露的树的那种无保护状态，他会吓得朝后退，每一种坏天气都会把脾气发泄到它头上，而每一种脾气也都会在它头上造成坏天气。他那"母性"的本能，那对自己内部生长着的东西的隐隐爱意，把他引向人们以为他是在自在地思考[3]的那些境地；其情形正如女人的母亲本能至今巩固了女人根本上的依赖性。最后，他们，这些哲学家，几乎很少有什么要求，他们的箴言是"拥有者将被占有"——：这，正如我必须一而再、再而

① "第三者"盖指对自己、观众而思的思想者。——译注

② "白昼"(Tag)：通译"日子"。——译注

③ "自在地思考"原文为 an sich zu denken，亦可解为"思考自身"。——译注

三说的那样，**不是**出于美德，出于一个可嘉的要求俭约和质朴的意
志，而是因为他们至高的主人**这样**要求他们，要求得聪明且不留情 355
面：主人的感受只专注于一点，只是为了它而集中一切，把时间、力量、爱、兴趣都腾出来给它。这个种类的人不爱被敌意打扰，也不爱被友谊打扰：他们容易忘却或者轻视。他们以当殉道者为坏趣味："只为真理而**受难**"——他们把这个留给那些精神的野心家和舞台主角以及还有时间干这些的人们(——他们自己，哲学家们，要为真理**做**些东西)。他们对大词的消费很节约；据说，他们甚至反感"真理"：它听起来太大言不惭了……最后，说到哲学家的贞洁，这个种类的精神的丰收显然不在于子嗣；也许在于他们名字的留存，他们那小小的不朽(在古代印度，哲学家中间有着更不谦逊的表达："其灵魂即世界者，要后裔何用?"①)。这里无关乎出于哪种苦修相关的顾虑与感官憎恨的贞洁，就跟一个运动员或者赛马师避开妇人时一样，无关乎贞洁：有此意愿的，毋宁是他们的主导本能，至少是为了那个伟大的孕育期。每个艺人都知道，在精神上的大紧张和大准备时，交媾是多么有害；对于他们中最强大者和本能最突出者，归结出这一点的首先不是经验，负面经验，——而就是他们的"母性"本能，它在这里为了有利于生成中的作品，力量、活的生命的 vigor[活力]的一切额外储备和补充不顾一切地动用起来：较大的力量于是**耗用**了较小的力量。——顺便说一下，人们可以按照这种阐释把上面举的叔本华的例子说通：在他那里，美的

① 据《尼采频道》，参见保罗·杜森：《吠檀多体系》，莱比锡，1883 年，第 439 页。——译注

356 景象的作用显然是对他天性的**首要力量**（沉思和深入观看的力量）的触动激发；这股力量由此乃爆发出来，一举成为意识的主人。而由此又绝对不该排除下面这种可能性，即，审美状态所特有的那份独特的甘甜和充实，其来源可能恰恰出于“感性”成分（跟适婚少女们所特有的那种“唯心主义”[①]出自同样的源泉），——因此在进入审美状态时，感性并没有如叔本华所相信的那样被扬弃，而只是显容[②]了，不再是作为性刺激进入意识。（我还会再回到这个观点上来，把它跟从那门迄今尚如此未被触及、未被开启的**审美生理学**产生的美妙问题联系起来。[③]）

9

我们已看到，一种特定的苦修主义，对最好的意志的一种坚定明快的弃绝，属于最高精神状态的有利条件之一，同时也是其最自然的后果之一：所以，从一开始就不足为奇，恰恰是哲学家们从来不曾不偏不倚地对待过苦修理想。一番严肃的历史学的核查可知，苦修理想跟哲学家之间的关联还要紧密和严密得多。或许可以说，哲学首先到底是系在这种理想的**襻带**下才学会在大地上迈

---

① “唯心主义”（Idealismus）在此同时还指“理想主义”。——译注

② “显容”（transfigurirt）本指耶稣基督在高山上祈祷时显出圣容，“脸面明亮如日头，衣裳洁白如光”（《新约·马太福音》第17章）。基督教因有“主显圣容节”。——译注

③ 据考夫曼，尼采生前对这个论题并未有所发表，不过相关材料可以在他后面的两部著作《瓦格纳事件》和《偶像的黄昏》中，“一个不合时宜者的漫谈”，第8节及以下，第19节及以下和第47节及以下；亦见诸《尼采反瓦格纳》和《权力意志》中“作为艺术的权力意志”部分。——译注

出最初的一步，一小步——唉，还是那么不灵活，唉，表情还那么别扭，唉，还是那样随时要跌倒，趴到地上，这个弯着两条腿儿的腼腆小笨孩和娇气鬼呀！哲学一开始的情形跟所有好事物一样，——它们对自己久久地缺乏勇气，总是四处张望，看是不是真的没有人来帮，不仅如此，她们最怕别人看自己。或许应该把哲学家的各个 357
冲动和美德按顺序当面排个清楚——他们的置疑冲动，他们的否认冲动，他们的等待（“阙疑”[①]）冲动，他们的分析冲动，他们的研究、寻找、冒险冲动，他们的比较、平衡冲动，他们求中立和求客观性的意志，他们求一切“*sine* ira et studio［无偏无党］[②]”的意志——：人们是否大概已经领会到了，他们全都很早就迎合了道德和良心的那些最初要求？（且全不论那个理性，路德还喜欢称之为克吕格林夫人[③]即聪明的妓女的东西。）而且，一个哲学家，倘若他曾经真的对自身有意识，必定已经径直觉得自己是活生生在“nitimur in *vetitum*［求不当求之事］[④]”——从而保护自己不去“感觉自己”、“对自己有意识”？……其情形，如前所言，跟我们迄今所自

① “阙疑”原文“ephektisch”，或译“悬（而不）决”，字面为“放弃、节制判断”（derepochê）。出自恩里披克：《皮浪哲学概要》第一卷第三章，怀疑论“就质疑者调查之后的心境而言，名为‘阙疑派’（Ephektiker）”；参见《悬搁判断与心灵宁静：希腊怀疑论原典》，包利民等译，中国社会科学出版社，2004 年，第 4 页。——译注

② 出自塔西佗：《编年史》，王以铸、崔妙因译，商务印书馆，1981 年，第一卷（1）节，塔西佗说自己著史时“既不会心怀愤懑，也不会意存偏袒”。——译注

③ “克吕格林夫人”原文为 Fraw Klüglin，出处未详，“克吕格林”表示“聪明”。路德曾称理性为“魔鬼的娼妓”，但他同样用这个称呼指斥那些巫师和女巫。——译注

④ 亦参见《善恶的彼岸》第 227 节；引文见奥维德《爱歌》（Amores）第三卷第四哀歌。奥维德原文为：“我们总是求不当求之事，要不许要的东西；正如病人就想喝医生不让他喝的水。”该诗主题是劝丈夫不要费心监视提防妻子；尼采所着重标出的“不当求之事”（vetitum）当射指风月之事。——译注

负的所有好事物并无二致；即使按照古代希腊人的标准，我们整个现代存在——当其并非虚弱，而是有权力和权力意识之时——的举止也是十足的倨傲（Hybris）和不信神：因为恰恰是那些跟我们今日所尊崇者相反的事物，在最长的时期里让站在它们一边的良心、让神成为它们的守卫者。倨傲在今日即是我们对自然的全部立场，是我们凭借机器、凭借那样不假思索的技师与工程师式的发明能力对自然所施的强暴；倨傲是我们对神的立场，我要说的是，对不管哪种据说会编织目的与德教的蜘蛛、坐在因果论那巨大的罗网式织体后面的蜘蛛的立场——我们或许可以像大胆查理在与路易十一斗争时那样说："我在与全宇宙的蜘蛛作战"[①]——；倨傲是我们对**我们自己**的立场，——因为我们用我们自己做实验，做我们不会允许对任何动物做的那种实验，欣快而好奇地在活泼泼的身体上把灵魂切开：灵魂"得救"[②]跟我们还有什么相干呢！事后
358 我们自己救治自己：疾病多有教益，我们不怀疑这一点，它比健康更多有教益，——今日在我们看来，比起不管哪种巫医和"救世主"，**致病者**甚至更为必要。我们现在甚至强暴我们自己，无疑，我们这些灵魂的坚果夹子，我们这些提问者和值得一问者，仿佛生命不是别的，而就是夹碎坚果；正是因为这点，我们必然一天天变得越来越值得一问，要提出**越来越值得的**[③]问题，也许正是因为这点

① 引文为法语，je combats l'universelle araignée。"大胆查理"为15世纪勃艮第公爵，与法王路易十一争强，树敌甚多，后殁于战阵。——译注

② "得救"原文为Heil，基督教中专指信主后的"得救"，本义为"健康、幸福"，作动词（heilen）指治疗，故下有健康—疾病之对举。——译注

③ "越来越值得的"原文作würdiger，同时又指"越来越庄重的（问题）"，下一句"越来越值得去"同时也可解为"越来越庄重地（生活）"。——译注

我们才越来越值得去——生活?[①] ……所有好事物以前都是恶劣的事物;每一种原罪都长出一种原美德。比如,很久以来婚姻都表现为对集体权利的冒犯;人们以前会因为太不谦逊,竟以为可以自己拥有一个女人而付罚金[②](比如 jus primae noctis[初夜权]即属此类,今日在柬埔寨它还是教士这些"古礼良俗看守者"的特权呢)。那些柔软、善意、迁就和惯于同情的感情——其价值简直高到快成为"自在之价值"了——在最长久的时期里恰恰受到自己对自己的蔑视:人们曾经像今日之耻于强硬地耻于温和(参见《善恶的彼岸》第 232 页[③])。对**法**的顺从:——哦,大地上到处有那些高尚的世系,带着怎样一种良心上的排斥而单方面放弃血亲复仇,承认法对自己的暴力!"法"长期以来是一件 vetitum[不可求之事],一种亵渎,一次创新,它提出暴力,它**作为**暴力而登台,人们只有带着对自己的羞耻而顺从的暴力。从前,大地上每跨出的最小一步都是以精神和身体的磨难争得的:"不只是向前迈步,不!迈步、运动、改变皆必需为之付出无数殉道者",恰恰对于今日的我们,这整套观点是如此陌生,——我曾在《曙光》第 17 页以下指明这一点。同书第 19 页[④]说道,"代价最昂贵的,莫过于人类理性和自由感中现在造就了我们的自负的那一点点东西。而就是为了这一自负之 359

① 现在……]付印稿:来回在自己身上夹着,像灵魂的坚果夹子,仿佛我们无非就是坚果和谜语;肯定,为了我们这种谜样男人的天性的缘故,我们喜欢——**学着**去喜欢!——生命本身变得越来越温柔。——编注

② 据《尼采频道》,参见波斯特:《基于比较族群学的普遍法学预备考察》,第 1 卷,第 67 页。——译注

③ 《善……]《善恶的彼岸》第 260 节。——编注

④ 《曙……]《曙光》第 18 节。——编注

故，现在要跟随那些属于“礼俗德教”的阴森叵测的时间段（这些时间段作为确立人类性格的真正的、决定性的首要历史，尚处在“世界历史”之前）去感受它们，对我们来说几乎是不可能的了：“当彼之时，苦难之为美德，残忍之为美德，矫饰（Verstellung）之为美德，复仇之为美德，拒绝理性之为美德，相反，安乐之为危险，求知欲之为危险，和平之为危险，同情之为危险，被同情之为折辱，劳动之为折辱，疯狂之为神圣，改变则作为不合礼教和暗藏腐化之事，皆到处自然而然地适用！”——

10

同一本书的第 39 页[①]阐明，静观人的最古老世系不得不在怎样的评价中、在怎样的评价压力之下生活，——恰恰是受到恐怕从来没有想到的那般蔑视吧！静观，最初出现在大地上时，有深裹密藏的形象，暧昧不清的声望，怀着一颗邪恶的心，经常并顶着一颗担惊受怕的头：这一点无可置疑。长久以来，静观人本能中那个不活跃的、孵化着的、不好战的东西，在他们周围放下一种深深的疑虑：对此疑虑没有其他手段，只有毅然唤起对自己的恐惧。擅长此道者，有比如古代的婆罗门！最古老的哲学家们知道赋予他们的此在和显现以一种意义，一个依托和背景，好让人们根据这些养成对他们的恐惧：考察得更仔细些的话，又是出于一种更基本性的需

① 同……]《曙光》第 42 节。——编注

要,也就是,为了赢得自己对自己的恐惧和敬畏。因为他们在自己内部发现一切价值判断都转而**反对**自己,他们得奋力打倒对“自己内部的哲学家”的各种猜疑和反对。这样做时,作为可怕年代的人 360
类,他们用的是可怕的手段:——针对自己的残忍,善于发明的肉身苦行[1]——这是这些渴求权力的隐修士和思想革新者们的首要手段,为了**信仰**他们的革新,他们必须在自身内部对诸神以及习俗施以强暴。我想到众友仙人[2]的著名故事,他从千年的自我磨难中赢得了一种这样的权力感和对自己的信任,以至于他要着手建立一片**新天空**[3]:大地上那部最古老又最新近的哲学家历史的阴森叵测的象征,——每一个无论何时曾经一度建立起一片“新天空”的,都是在**自己的地狱**中才发现这样做的权力……让我们把整个事实要件以简短的形式总结一下:首先,哲学精神必定总是被伪装成静观人**较早定型**的那些类型,在其中化蛹,成为教士、巫师、卜者,从根本上说是成为宗教人,从而才会在无论哪种程度上**得以可能**:长期以来**苦修理想**被哲学家用作显现形式和生存前提,——为了能做哲学家,他必须**表现出**[4]此种理想,为了能有此表现,他必

① “肉身苦行”(Selbstkasteiung,亦写作 Kasteiung),为苦修之具体一种,重在禁绝感官需求并造成肉身痛苦,粗服劣食乃至鞭身自笞。基督教中专指与耶稣同受肉体上的苦难(与灵魂受难不同)。——译注

② “众友仙人”原文作 des Königs Viçvamitra,直译当为“众友仙人国王”,然其为国王时名字当作乔什迦(Kaushika)。印度神话中的仙人(rsi,其义实为“修道士”),原为刹帝利种姓,弃王位苦修一千年后,力可自造星空;神王因陀罗曾派天女诱惑他未果。——译注

③ 我想到……]参看《曙光》第 113 节 。——编注

④ “表现出”原文为 darstellen,亦可解为“表演”。——译注

须**相信**自己能够成为哲学家。这种以特有方式否定世界、敌视生命、不信任感性和去感性的退处姿态，这个直到最近的时代还在被坚持并因而几乎是作为**自在的哲学家态度**而大行于世的姿态，——它首先是哲学家从根本上由之而产生和持存的那些条件所构成的紧急状态的一个后果：也就是说，就此而言，大地上的最长久时间里，哲学倘若没有一副苦修的外壳与装束，没有一种以苦修方式所作的自身误解，便**根本不可能**存在。直观而明白的表达
361 就是：直到最近时代，**苦修教士**都展现出那种可厌阴暗的毛毛虫形式，唯有哲学可以戴着这种形式活着并四处爬动……这些，是不是已经真有**改变**了？这只斑斓而危险的有翼兽（Flügelthier），这条毛毛虫内部所藏有的精神，是不是真的，多亏了一个阳光更充足、更温暖、更亮堂的世界，终于竟还是被揭掉袈裟，大白于光线之下了？今日，是不是已经有足够的自负、胆识、果敢、自知、精神之意志、求责任之意志、**意志的自由**，使得今后哲学家在大地上真正——**可能**了？……

11

现在，对**苦修教士**加以关注之后，我们才逼近我们的问题：苦修理想意味着什么？我们严肃地紧逼不放，——现在才是真值得“严肃”[①]：从现在起，我们总算跟**严肃**的真正**代表**面对面了。“一

① （真值得）“严肃”原文为 Ernst，此处也表示“严重”、“困难”和“事情才真的开始”。——译注

切严肃都意味着什么?”这个更加基本的问题也许在这里已经呼之
欲出了:一个给生理学家的问题,平心而论,一个我们此间竟总是
从旁边滑过的问题。这理想中不仅有苦修教士的信仰,还有他的
意志、他的权力、他的利害。他的此在**权利**跟那个理想一荣俱荣,
一损俱损:有什么好奇怪的,我们现在碰到了一名可怕的对手(假
定我们便是那个理想的对手)?这样一名对否定此理想者作战以
求生存的对手?……从另一方面看,对我们的问题采取一个这般
利害相关的立场,从一开始对处理此问题便未必会有什么特别的
好处;一个女人想回护“自在之女人”时通常会失败,出于相同的原 362
因,对自己的理想,苦修教士很难成为哪怕只是最走运的辩护
者,——更不用说充当此处所引发论争的最客观的评判者和法官
了。然则毋宁说是我们不得不帮助他们——有那么多东西现在都
已经亮出来了——来针对我们很好做个辩护,而用不着害怕,会被
他们太利落地反驳掉……这里所为之争斗的思想,是苦修教士那
边所作的对我们生命的**价值评判**,此生命(连同它所包含的“自
然”、“世界”,生成和消逝的全部领域)被他们置于跟某个完全另一
种类的此在的关系之中,生命之一举一动皆与这个此在相对立和
相排斥,**除非**,比如它自己转而反对自己,**自己否定自己**:在此种情
况下,即在苦修生活的情况下,生命是作为通向那个另一个此在的
桥梁。苦修者把生命当作一条歧途来对待,人们最终必须往回走,
直到它开始之处;或者是像一个谬误,人们通过——**应该**通过实际
行为去反驳:因为苦修者**要求**人们与他同行,他一旦能够便强制人
们接受**他**对此在的价值判断。这意味着什么?这样一种阴森叵测
的价值评判方式,可不是作为例外和异闻被载入人类历史的:它是

一个所存在的最广泛和长久的事实。我们的大地此在(Erden-Dasein)的大写文字,从一个遥远的星体上读来,也许会被误导向这样的结论:地球是真正**苦修的星球**,一个角落,窝着些怏怏不乐、骄傲可厌的受造物们,它们全然摆脱不了对自身、对大地、对一切生命的深深懊恼,它们尽可能地使自己痛楚,出于对痛楚的娱乐:——大概是它们唯一的娱乐。让我们来考察一下,苦修教士是怎样有规律地、普遍地、几乎在一切时代出现;他不独属于哪一个
363 种族;他到处繁衍;他从一切等级上长出来。他价值评判方式并不是比如通过遗传培养出来和广为播植的:是相反的情形,——就全局观之,毋宁说是一个很深的本能在禁止他继续播植。一定有一个头等的必要性,使这个**敌视生命**的物种反复生长和繁荣,——一定有一个对**生命本身的利害**,使这样一个自相矛盾的类型没有死绝。因为一个苦修的生命是一个自相矛盾:这里弥漫着一种无可比拟的怨恨,某种不知餍足的本能和权力意志所发出的怨恨,这种本能和意志想当主人,不是在生命中统治什么东西,而是统治生命本身,统治它最深切、最强健 、最底层的条件;这里在做出一个尝试,动用力量去堵塞力量的源泉;这里发绿的、幸灾乐祸的目光射向生理的茁壮成长本身,尤其是射向这种茁壮成长的表达、美、欢乐;而对于畸形、枯萎、疼痛、事故、丑陋、意外损害、去自身化、自身鞭笞、自身牺牲,这目光所感受和**找寻**的却是一种快感。完全是最高的悖谬:我们在此面对的是一种分裂状态,它**意愿**自己分裂自己,它在这种苦难中自己**享受**自己,甚至还随着它自身的前提、生理上的生命能力**降低**的程度,而变得越来越自知,获得越来越大的

胜利。“就在最后的垂死挣扎中获胜”[①]：在这个至高无上的标志下，苦修理想一直战斗到今日；在这个诱惑的谜语中，在这幅迷狂和煎熬的画面中，他认出他最强烈的光，他的得救，他最终的胜利。Crux，nux，lux[十字架、坚果、光[②]]——在他这里三者归一。——

12

假定这样一个化作肉身的求冲突、求反自然的意志，竟被弄去**做哲学**：它那最内在的肆意专断(Willkür)会向哪里释放呢？向那 364
个被最稳靠地感受为真实和实在的东西：它恰恰会在真正生命本能最绝对地设定真理之处，去寻找**谬误**。它会，比如像吠檀多哲学的苦修者所做的那样，把肉身状态贬低为幻象，同时还有疼痛、多样性、“主体”与“客体”的整套对立概念——谬误，无非是谬误！拒绝给他的那个自我以信任，自己否定自己的“实在性”(Realität)——何等的胜利！——已经不仅仅是对感性、对视觉显像的胜利，而是一种高明得多的胜利，一种对**理性**所施的强暴和残忍：理性以苦修所行的那种自身蔑视和自身提高是在宣布：“是**有**一个真理和存在的王国，但恰恰理性是**被排除在外**的！”由此欢悦(Wollust)遂攀上顶峰……(顺便说一句：甚至在康德那个“事物的

---

① 此句德语原文为：Der Triumph gerade in der letzten Agonie。——译注

② 十字架、坚果、光]参看科利版第 9 卷，12[231]。　编注[译按.此语利用三字之押韵，戏仿拉丁习语“基督的十字架是我的光”(Christi crux est mea lux)；“坚果”对应本论第 9 节“坚果夹子”之讥，在德语(Nuß)可作骂人语，类汉语中“蛋”、“瓜”者。]

智识特征”[①]中，还有这种贪婪的苦修者分裂的某些残留，这种分裂喜欢让理性转而反对理性：在康德那里，“智识特征”即意味着事物的一种属性，知性对该属性的把握如此之多，以至于它对知性来说——**完全不可把握**。）——但愿最终，恰恰是作为认识者，我们可不要轻视此类断然颠倒习以为常的视角和评价的做法，精神已经过于长久地用这些颠倒貌似亵渎而徒劳地自己朝自己发怒：如此这般地作一次另一种观看，以及作另一种观看的**意愿**，对于知性达到它当初的“客观性”，其教养和准备之功可不算小，——此客观性不是当作“无利害的直观”（这是一个谬理和悖识）来理解，而是那种能力，**自制地**[②]**进行**赞成和反对、收放自如的能力：好让人们知
365 道使诸种视角和诸种情绪性阐释的**差异性**恰恰为认识所用。就让我们，我的哲学家先生们，让我们从现在开始更好防备那套古老危险的概念虚构，它设定了一种“纯粹、无意愿、无痛苦、无时间的认识主体”[③]，防备像“纯粹理性”、“绝对精神性”、“认识本身”这样一些矛盾性概念的触手：——这里被要求作思考的是一只全然不可思议的眼睛，一只绝对不应该有任何方向的眼睛，在它这里，那些行动性和阐释性的力量［观看要通过这些力量乃成为一个有所见

① 参见《善恶的彼岸》第37节同条译注。“智识特征”（intilligiblen Charakter），康德在《纯粹理性批判》（B566—568）将“一个感官对象中本身非显现（Erschneinung）者”定义为“智识的”（或译为“理知的”“悟知的”），与之相对的是“感性的”（sensibel）或“经验的”（empirisch，或译为“验知的”），即对象在感性中显现者。康德以“智识特征”为“物自身的特征”。后叔本华在《伦理学的两个基本问题》中《道德的基础》第2部分第8章专门谈过这两个概念。——译注

② “自制地”原文为in Gewalt，字面义为“在暴力中”。——译注

③ 参见叔本华：《作为意志和表象的世界》第一卷第34节，指当摆脱了意志、不以根据律看事物而直面事物之理型的主体。——译注

之看(Etwas-Sehen)］应该被抑止，应该缺失，也就是说，这里要求的总是一只悖识和谬理的眼睛。**只有**一种透视式的观看，**只有**一种透视式的“认识”；而如果我们在某件事情上让**更多**情绪诉诸言表，如果我们知道让**更多**眼睛、有差异的眼睛向这件事情打开，那么，我们对这件事情的“概念”、我们的“客观性”就会变得更加完整。而竟把意志上从根本上排除掉，把情绪一律全部悬置起来，即便假定我们能够做到：难道这不叫做对知性的**阉割**么？[1] ……

13

不过，让我们回到正题上来。从生理学上而不再从心理学上来审视，一种这样的自相矛盾，正如它在苦修者这里似乎表现出来的，“以生命**反对**生命”——首先一目了然的就这么多——，简直是在胡闹。它只可能是**貌似**的；它必定是一种临时性的表达，一个注解，是套语，编排之辞，是对其真正本性早就不能够被理解、其**自身**早就无法被标明的某种东西的心理性误解，——是一个嵌在人类认识某处古老**罅隙**中的空话。让我冲着它简要地列出事实要件吧：**苦修理想源于某种退化着的生命的保护和救治本能**，这种生命 366
不择手段地寻求延续，为它的此在而斗争；这透露出一种局部的生理障碍和疲惫，生命最深层的、依旧浑然的本能会不间断地以新手段和新发明来与之抗争。苦修理想是这样一种手段：情形乃与其

① 难道……］据付印稿：这就叫阉割知性——不仅如此：还应该叫——不思考！——编注

推崇者们所以为的正相反,——在它内部并通过它,生命与死亡搏斗,反抗死亡,苦修理想是一种保持生命的把戏。正如历史所教导的,尤其凡是人类的文明化和驯化得以贯彻之处,这个理想皆按相应的程度而支配了人类,掌握了权力,这表明了一个伟大的事实,表明了迄今为止的人类类型、至少是那种被弄得驯顺的类型的病态,人类跟死亡(更确切地说:跟对生命的厌烦、跟疲惫和向"终点"而去的愿望)的搏斗。苦修教士是成为有所不同者、到别处去的愿望的血肉化身,而且是这种愿望的极致,是这种愿望所发出的真正炙热与激情:不过,恰恰是他发愿时的权力[①],成为将他缚于此处的镣铐,恰恰由此他变成工具,致力于为那种居于此处者、同为人类者[②]创造更加有利的处境,——恰恰是用这个权力,他把各种各样的畸形者、不协调者、禀赋薄弱者、遭遇不幸者、苦于自身者(An-sich-Leidenden)组成的整个畜群牢牢固定于此在,他则本能地作为牧人走在它们前面。听懂我了吧:这个苦修教士,这个表面上的生命之敌,这个否定者,——他恰恰属于生命的那些无比伟大的保存性的、创作出"是"的暴力……毛病出在哪里呢,上面所说的
367 病态?毕竟,人比其他任何一种动物更加有病、更不可靠、更变幻不定、更不稳固,这一点无可置疑,——他是唯一患病的动物:何以至此?当然,人类曾经的冒险、忍耐、创新和对命运的挑战,也比其他动物加起来都更多:他,这个用自己作实验的伟大实验者,不满

① "权力"原文为 Macht,既可解为"权力",也可表示一般强大的力量。尼采或指通常所谓"愿力"实际亦是一种权力或对权力之愿。——译注

② "居于此处者"(Hier-sein)、"同为人类者"(Mensch-sein)与上文"有所不同"(Anders-sein)、"到别处去"(Anderswo-sein)相反的类型。——译注

意者，不知足者，为了最终统治权跟动物、自然和诸神搏斗者，——他，从来还没有被打败过，这个永恒的未来者，在他自己的逼迫性力量面前再也不得安宁，以至于他的未来如一束马刺般毫不留情地刺着他，扎入每一块当前之肉：——这样一种勇猛而丰富的动物，也是所有患病动物中受到最大危害、病得最久最深的，这难道不是应该的吗？……对此人类会厌倦，这种厌倦的全面传染是常有的事（——在 1348 年前后，在跳着死亡之舞的时代[①]，就是这样）：但是甚至是自己对自己的这种恶心、这种疲乏、这种厌烦——这一切如此强有力地从他这里涌出，以至于它们立刻又成了一副新的镣铐。他对生命所说的“不”，好像通过一种魔法，展现为一份充足的温柔的“是”；是呀，这时他，这位毁灭和自毁的大师，把自己**弄伤**，——然后这个伤口本身，迫使他**去生活**……

14[②]

人类的病态越是正常——我们不能否认这种正常——，则应该越是珍视灵魂肉体均为强大的稀有案例，人类的**幸运案例**，应该更严格地保护那些发育良好者不受最恶劣的空气、致病的空气之害。人们这样做了么？……患病者于健康者是大危险；强健者的祸害**不是**来自最强健者，而是最虚弱者。人们知道这个么？…… 368

① 黑死病据信在欧洲大兴于 1348 年，其时在绘画上遂有一部题材曰“死亡之舞”（Todtentanz），描绘一圈骷髅夹人而舞，表示瘟疫不分年龄与等级（故上文云“全面传染”）。——译注

② 参看科利版第 12 卷，1[7. 10]。——编注

大体上估量起来，人们可以希望减少的，绝不是对人类的恐惧：因为这种恐惧迫使强健者强健，有时迫使他们令人恐惧，——它护持[①]发育良好的人类类型。应该担心的，包藏着跟其他任何厄运都不一样的厄运的，或许不是对人类的大恐惧，而是对人类的大恶心；同时是对人类的大同情。假定有一天这两者相互交媾，则随即不可避免地将有某种最阴森叵测之物出世，人类"最后的意志"，他求虚无的意志，虚无主义。而事实上：为此已有了许多准备。谁若不只是用鼻子来嗅，而且还用上眼睛和耳朵，则今日所到之处几乎都会察觉到某种像是疯人院、像是医院的空气，——我说的，合乎情理地，是人类的文化领域，渐渐存在于大地上的每一个"欧洲"。那些病态者是人类的大危险：而不是邪恶，不是"食肉动物"。那些从一开始就遭逢不幸、被压倒、被打碎的——在人类中间最严重地侵蚀生命的，最危险地毒害和动摇我们对生命、人类和我们自己的信任的，就是他们，就是那些最虚弱者。人们到哪里能避开它啊，那道眼睑低垂、人们从中接取一份深深悲哀的目光，那道一开始就生错了的人回顾自身的目光，它透露出一个这样的人类是怎样对自己说话的，——那道目光，它是一声叹息。"我多想有所不同，成为某个别人！"这道目光如此叹息道，"可这是没有希望的。我是我所是：我如何出离我自己呢？然而——我受够自己了！"……在这样的自身蔑视的泥土、一片真正的泥潭上，长着种种杂草，种种毒物，一切都这么小，这么隐蔽，这么不诚实，这么甜腻。这里簇集着

① "护持"原文为 hält… aufrecht，既可解为"使保持正直"，亦可解为"使保持诚实"。——译注

复仇感和遗恨；这里的空气发出诡秘和抵赖的臭味；这里那张最险 369
恶的阴谋之网绵绵不断地编织，——受苦难者反对发育良好者和大获全胜者的阴谋，在这里，受**憎恨**的乃是大获全胜者这一方。而为了不承认这种憎恨是憎恨，又是怎么撒谎的呀！是怎么耗费伟大的言辞和态度的，采用怎样“严正”[①]地诽谤的艺术！这些发育不良者：他们的嘴唇喷涌出怎样高贵的雄辩！他们的眼睛里荡漾着多少甜蜜、谄媚、恭顺的屈服！他们到底想要什么呢？至少**表现出**正义、爱、智慧、优越——这是这些“最底层者”、这些患病者的野心！而且这野心干得多么灵巧啊！人们首先应该惊叹那种伪币制造者的灵巧，凭此灵巧，美德的纹印，甚至美德的丁当作响和金玉之声都被仿制出来。他们现在完完全全是为了自己租用了美，这些虚弱者和无可救药的病态者们，这一点无庸置疑：“唯有我们是好人，正义之人”，他们这样说道，“唯有我们是 homines bonae voluntatis［善良意志的人］[②]。”他们作为化作血肉的谴责、作为对我们的警告出没在我们四周，——仿佛健康、发育良好、强健、自豪、权力感本身就已经是沾染恶习的事物，是以后必定因之而受罚赎罪，吃尽苦头：哦，他们简直从根本上甚至已经准备好了去**施行**罪罚，他们简直急不可待去当**刽子手**！在他们当中多的是装扮成法官的寻仇者，“正义”一词长挂嘴边，犹如一条有毒的流涎，那张嘴

① “严正”原文为 rechtschaffnen，同时可解为“正派”和“厉害”。——译注

② 参见《善恶的彼岸》第 220 节“善良意志的人”注；语出《新约·路加福音》第 2 章第 14 行：“在至高之处荣耀归于上帝！在地上和平归于他的喜悦的人！”尼采采用了正确的拉丁译文，（武加大版作：Gloria in altissimis Deo et in terra pax hominibus bonae voluntatis）今人考证“他的喜悦的人”（即上帝之“善良意志”所加者）当为“善良意志的人”。——译注

则总是噘得尖尖的，总是预备对一切眼中并无不满、并未丢下好心情的东西吐口水。在他们中间也总缺不了那种令人恶心的虚荣物种，那些撒谎的畸胎，热衷于表现出“美丽的灵魂[①]”，并且把比如它们已经被蹧践坏了的感性缠进诗句和其他尿布，当作“心灵的纯
370 洁”放到市场上：这个道德手淫者和“自慰者”的物种。患病者的意志，要表现出优越的某种形式，**无论哪一种**，他们的本能，会找到通向对健康者霸权的秘道，——哪里会碰不到这个呀，这个恰恰是最虚弱者求权力的意志！特别是病中的女人：没有人在统治、压迫、霸道的机巧上能胜过她。病中的妇人为这个是不顾死不顾活的，她会把埋得最深的事物再次挖出来（柏果人说，“女人是一只鬣狗”[②]）。人们应该看看每一个家庭、每一个团体、每一个公共体的背后：处处是患病者反对健康者的斗争，——多半是一场静静的斗争，用细微的毒粉、针刺，受苦者表情的阴险把戏，不过时而也会那种**大声**地扭姿作态的疾病法利赛主义[③]，它最爱表演“高贵的愤激”。病狗们愤激的嘶声怒吠，此类“高贵”法利赛人会咬人的谎言

① 据克拉克-斯文森，此表达可追溯到柏拉图《会饮篇》（209b，psyche kale）。这个表达在18世纪，尤其在虔敬派（Pietismus）中大量出现，不过到歌德与席勒时代此语有时已含讽刺意味。按：黑格尔在《精神现象学》中刻画了从“良心”到“美丽的灵魂”再到“恶及其宽恕”的德国道德哲学三部曲，参见《精神现象学》下卷，贺麟等译，商务印书馆，1981年，第146页以下。——译注

② 柏果（Bogos）：疑为亚洲某部落名。据克拉克-斯文森，此句出自波斯特的《普遍法学预备考察》（第Ⅰ卷，第67页），柏果人的这句话表达了“他们中的这个事实：女人外在于一切法律组织之外，没有任何权利或责任。”——译注

③ 参看《善恶的彼岸》第135节同条注。“法利赛主义”，法利赛人系古代犹太教的一个学派，其学包含神学、政治与生活实践，和合版圣经以“文士”名之，其重律法的特色受到后来基督教的夸大和指责；德语中可用来形容因自己行为合乎规矩而自矜自负的心态，并从而或因其不究本心只循节文而指其为伪善者。——译注

与火气，竟想让人在科学的圣洁空间里都能听见它（我提醒读者，长着耳朵的读者，再次回想一下那位柏林的复仇使者欧根·杜林，他以今日德意志最不正经和最令人反感的方式使用道德吆喝：杜林，这只当今第一道德大嘴巴，即使在他的同类、那些反闪族主义者们当中他也数第一）。所有这些都是怨恨之人，这些生理上遭逢不幸和被蛀蚀过的人们，一块底下进行着复仇的剧烈摇震的土壤，他们在反对幸运者而发作的时候，在举行复仇的化装舞会、变换复仇借口的时候，都是不知疲倦也不知餍足：什么时候他们会真正取得他们最后、最精细、最巧妙的复仇胜利呢？无疑是当他们成功地
把他们自己的悲惨、说到底是把一切悲惨统统**推诿到**幸运者的**良 371
心中去**之时：从而使幸运者在某一天或者就对自己的幸福感到羞耻，也许就对彼此说：“幸福，是一种耻辱！**有太多的悲惨了呀！**”……而当那些幸运者、发育良好者、有权势者在身体和灵魂上开始怀疑他们**幸福的权利**时，最大、最灾难性的误解莫于此。滚开，这个“颠倒的世界”[①]！滚开，这种有害的情感弱化！**莫**让患病者把健康者搞病——否则就是一种那样的弱化——这应该是大地上的至高要点：——为此首要之事是，健康者始终跟患病者**隔离**，保护自己不受患病者的景象之害，不要把自己与患病者相混淆。

① “颠倒的世界”(die verkehrte Welt)，或出自《精神现象学》，在黑格尔看来，尼采此处所云的“惩罚前史”必然发生颠倒，在这个颠倒的世界里，“凡是前一世界里受轻视的东西便受到尊重，而在前一世界受尊重的东西便遭受轻蔑。按照前一个世界的规律，惩罚使人耻辱，并且毁灭人，而在与它相颠倒的世界里，惩罚便转变成一种宽恕的恩典，这恩典保存了他的性命并给他带来了荣耀。”（黑格尔：《精神现象学》上卷，贺麟等译，商务印书馆，1981年，第107—108页）——译注

或许他们的使命竟是成患病者的看护或医生？[1] ……可这是对他们的使命最糟糕的误解和拒绝，——较高级者不应该把自己贬值为较低级者的工具，间距之激昂[2]应该永远都让二者的使命也互不相同！他们在此存在（dazusein）的权利，声音嘹亮的钟在那些走调炸裂的钟面前的特权，乃是一个大过一千倍的特权：唯有他们才是未来的担保人，唯有他们才对人类未来负有义务。他们所能为者，他们所当为者，从来都不许是患病者所能为与当为者：不过，既然他们能做的只是他们所当作的，倘若当了患病者的医生、安慰者和“救世主”，他们还有空做什么事呀？……要紧的是有好空气！好空气！无论如何还要离开一切文化疯人院和医院的周围！要紧的是有好的社交，我们的社交！或者孤独，如果必要的话！但无论如何离开那种向内腐蚀和在暗中以疾病蠹蚀的有害蒸汽！……这样好让我们自己，我的朋友们，至少能片刻防备一下那两种最恶劣的、
372 的、可能恰恰是专门留给我们的瘟疫——防备对人类的大恶心！防备对人类的大同情！……

15

如若人们从最深处把握了——我希望人们在这里探得深入，

① 据考夫曼，此当参见歌德致封·斯泰因夫人的信（1787 年 6 月 8 日）：“也就是说，我必须对我自己说，我认为这是真的，人类最终将胜利，只是我同时害怕世界会成为一个大医院，每个人都成为其他人的人性护士”；在一封给保尔·雷的信（1877 年 4 月 17 日）中，尼采写道“彼此相为人性之护士”。——译注

② “间距之激昂”原文 Pathos der Distanz。Pathos[激昂]源于希腊语，本义是“疼痛、痛切、激动”，在古语所谓“懵怛”与“慷慨”之间；在德语中指面对苦难（Leiden）时庄严激昂的情感状态。“间距”（Distanz）则指“礼主别异”意义上的身份距离。——译注

把握得深入——，在何种意义上说，健康者的使命绝**不**可能是看护患病者，使患病者健康起来，那么，他们也就更加把握了一种必然性，——医生和病患看护者必然**本身有病**：从现在起我们抓住苦修教士的意义了，可要用两只手抓紧了。苦修教士必然要为我们充当患病群盲的预定好的救世主、牧人和辩护人：这样我们才理解了他们那阴森叵测的历史性使命。他的领地就是**对罹受苦难者的统治**，他的本能指引他去做这个统治，其中有他最本真的艺术，他的纯熟技艺，他那个种类的幸福。他必须自己也生病，他必须从根子里跟患病者和禀赋薄弱者有亲缘性，才能理解他们，——才能擅长对付他们；不过，他必须也是强健的，必须主宰自己超过主宰他人，首先他的权力意志要完整无缺，从而使他受到患病者的信任和恐惧，从而使他对于他们能够成为依托，反推力、支撑物、强制、师傅、僭主、上帝。他得守卫他们，他的群盲——对抗谁呢？对抗那些健康者，当然，还对抗对健康者的嫉妒；他必须是一切粗犷、凶猛、不受羁绊、强硬、暴烈如食肉动物一般的健康和强权的天敌**和蔑视者**。教士是**美味**动物的第一形式，比起憎恨，这种动物更容易去蔑视。它始终免不了向那些食肉兽们发动战争，一场显然使用（“精神”的）狡计多过使用暴力的战争，这自不待言——为此，在某些情 373
况下，他差不多必须在自己这里塑造出、至少**显示出**一种新型食肉动物，——一种新的恐怖动物，其中北极熊，柔韧、冷漠、觊觎着的虎猫，以及并非最不足道的狐狸，三者似乎被联结为一个既引人入胜又令人恐惧的整体。假定有逼不得已的情况，那他便会俨然像熊一般严肃、庄重、聪明、冷淡、谋诈过人，作为秘密暴力的信使和喉舌，走到其他种类的食肉动物中间去，果断地，在这块地盘上他

所到之处,播撒苦难、分裂、自相矛盾,并且,对自己的艺术再自信不过,随时成为主宰**罹受苦难者**的主人。他带着药膏和香脂,这不用说;但是要做医生,他首先必须制造伤口;然后通过抚平伤口引起的疼痛,**同时也对伤口下毒**——他最擅长于此道了,这个巫师和食肉动物驯养师,在他四周,所有健康的必定患病,所有患病的必定驯服。事实上,他把他患病的群盲守卫得相当好,这个罕见的牧人,——他守卫他们以防备他们自己,防备在群盲本身中间闷闷燃烧着的那种坏、阴险、恶意,以及一切上瘾者和患病者们彼此所分有的其他东西,他聪明、强硬和隐蔽地跟群盲内部的无政府状态和随时发生的自行瓦解作斗争,那种最危险的爆炸和爆破性材料,**怨恨**,在群盲里持续地聚积再聚积。把这个爆炸材料释放出来,好让它不会把群盲的牧群和牧人炸毁,这是他真正的手段,也是他最高的用途;若要用最简短的公式说明教士存在的价值,则应该干脆地说:教士是怨恨的转向者(Richtungs-Veränderer)。也就是说,每个罹受苦难者都在本能地为其苦难寻找一个原因;更准切地说,寻找一个作为者,更明确地说,寻找一个对苦难易于感动的、**有所亏**
374 **欠**的作为者,——简而言之,寻找不管哪一种活生生之物,只要能以不管什么借口把他的情绪在实际上或以象刑的方式释放于此物之上:因为,情绪释放是罹受苦难者所作最大程度的缓解尝试及——也就是说——**麻醉**尝试,是他在吃到无论什么苦头时都会不由自主地追求的麻药。唯有在这里,据我的猜测,可以发现怨恨、复仇及其相关事物的实际生理性原因,也就是一种要**通过情绪对疼痛作麻醉**的向往:——人们普遍把这种麻醉归结为防御性的回应,一种仅仅遵循保护原则的反应,当任何突如其来的损害与危害发生时的“反射动作”,依我之见,这是非常谬误的,此类动作,一只无头青蛙还为了挣开一片腐蚀性的酸也会完成。可是两者有根本的差异:一种情况是为了阻止进一步受损,[①]在另一种情况下,则是想要对一次暗中煎熬得无法忍受的疼痛,通过不论哪一种更加强烈的情感运动(Emotion)进行**麻醉**,至少在那个瞬间摒除于意识之外,——为此,人们需要一种情绪,一种尽可能野蛮的情绪,并且为了挑起这种情绪,需要那个第一步的、最好的借口。“我自己感觉很差,总得有某个人为此亏欠些什么吧”——这类推论是所有病态者所特有的,而且他们感觉差的真实原因,生理性的原因,便越发掩藏不露了(——这原因可能是比如一种交感神经系统病变或者一次过度的胆汁分泌,或者由于血液中硫酸钾和磷酸钾的贫乏[②],或是下腹坠胀使血循环堵塞,或者是卵巢退化或诸如此类者)。在为痛楚的情绪寻找借口时,罹受苦难者们其准备之充分和花样之多端,无一例外地令人吃惊;他们早已享受着他们的猜忌,享受着对差的状态和貌似的妨害的苦思冥想,他们到他们的过去和当前的内脏中乱翻乱找,想搜到些阴暗可疑的历史,在那里他 375
们尽可随便饕餮某种令他们煎熬的怀疑,醉饮邪恶的真正毒药——他们撕开他们最老旧的伤口,因为早就痊愈的伤疤而流血殆毙,他们把朋友、女人、孩子或其他离他们最近的什么东西当作肇恶之因。[③]“我受苦受难:对此总得有谁亏欠些什么吧”——每

① 付印稿中此处删去如下内容:相当常见的是甚至还没有意识到痛苦,即使[———]。——编注

② 由于……]参看科利版第9卷,11[244];12[31]。——编注

③ 据考夫曼,尼采此处所描绘情形的最佳写照是陀思妥耶夫斯基在《地下室手记》中的笔记。可参见此书卷一《地下室》。——译注

只病态的绵羊都如是想道。而它的牧人苦修教士对它说，“正是这样，我的绵羊啊！总得有谁亏欠些什么：而你就是这个总得有的谁，唯有你自己对这些有些亏欠呢，——**对你有亏欠的，唯独就是你呀**！”……这可是真敢说，说得也真够假：不过这样至少达到一点，如前所言，怨恨的方向——**转变**了。

16

从现在起可以猜到了吧，照我的表述，通过苦修教士，生命那种救治艺术家般的本能至少是在**尝试**什么东西，以及为什么这一本能一定要运用像“亏欠”、“罪”、“有罪”、“腐化”、“永罚”①这类悖谬且有悖逻辑的概念去行一种暂时的霸道：使患病者在一定程度上变得**无害**，让那些无可救药者自己把自己毁灭，令病情轻微者将方向严格地对准自己，把他们的怨恨推到一个后退的方向（“不可少的只有一件②”——），让所有罹受苦难者的那些坏本能为了自身规训、自身监督、自身克服的目的而**极尽其用**。用某种诸如此类“药方”，某种单纯的情绪药方，不用说当然不可能是在对疾病做什
376 么生理学意义上的实际疾病**救治**③；甚至不能断言生命的本能在这里有过救治的预想或意图。一方面是患病者以某种方式聚集和组织（——“教会”一词即其最受欢迎的名称），另一方面是成长得

① “永罚”原文为 Verdammniss，通义为“诅咒”，基督教神学上则特指受神谴入地狱，永受罪罚的状态，与“赐福”（Seligkeit）正相反。——译注

② 不可少的只有一件］《新约·路加福音》第 10 章第 42 行。——编注［译按：经文作：“主回答：马大，马大，你为许多的事操心烦恼，但是不可少的只有一件。”］

③ “救治”（Heilung）：在基督教义下则指灵魂的“得救”或“神圣化”。——译注

较为健康、浇铸得较为充实的人们以某种方式暂时有了保障,于是在健康与疾病之间割开了一道**鸿沟**——长期以来,这就是全部的救治了!而且治了很多!**非常之多**!……[正如人们所看到的,我在这篇论文里是从一个前提出发的,一个我为了读者考虑——按照我对它的需要——而一开始没有加以论证的前提:“有罪”于人类不是事实要件,毋宁只是对一种事实要件、即一种生理性失调的阐释,——后者被放到一个对我们已不再有约束力的道德－宗教视角之下来看待。——某人**感觉**自己“有亏欠”、“有罪”,这绝对不证明他有理由这样感觉;很少有人仅仅因为他感觉自己健康就健康了。应该回想一下那些有名的女巫审判:当时那些最明察和最人道的法官都不怀疑,这里是有某种亏欠;倒是那些“女巫”们**自己不怀疑这一点**,——然而亏欠还是阙如[①]。——对此前提的进一步表达就是:对我而言,“灵魂之痛”本身根本不是事实要件,而只是对迄今尚未有确切表述的事实要件的一种解说(因果解说):因而是某种完全还飘浮在空中、在科学上并无约束力,——其实只是用一个肥胖的词取代一个甚至还很干瘪的问号上。如果有人了结不掉某种“灵魂之痛”,那么这,粗略说来,要之**不**在于他的“灵魂”;大概还是更在于他的胃(粗略说来,如前所言:这里绝不是要希望也被粗略地听取,粗略地理解……)一个较为强健和发育较好的 377
人,即使要咽下坚硬的刺痛,对他的体验(行为,包括胡作非为)也像饮食一样消化得很好。如果他“对付不了”[②]一个体验,那么,这种消化不良就跟饮食消化不良一样是生理性的——而且每每事实

① 当时……]参看《快乐的科学》第250节。——编注

② 参见第二篇第1节“对付不‘了’”译注。——译注

上只是那后者的后果。——抱此见解者依旧可以，我们私下里说说，做一切唯物主义最严格的对手……]

17

可他真的是个**医生**么，这苦修的教士？——我们已经把握到，
在何种程度上几乎不允许称他为一位医生，而他又那么喜欢把自
己感觉为、尊奉为“救治之主”。他所与之斗争的，只是苦难本身，
是罹受苦难者的苦楚，而**不是**苦难的原因，**不是**真正的病患，——
这一定道出了我们对苦修药方最根本的反对。不过如果人们一开
始先采取唯有教士才认识和具有的那个视角，那可会止不住地惊
叹，在这个视角下观看、寻找和找到的都是些什么东西。对苦难的
缓解，一切种类的“慰藉”，——这位教士的天才本身就是这个：他
对他的慰藉任务有着多么善于发明的理解，他多么不假思索和大
胆地为这个任务挑选着手段！人们尤其可以把基督教教义称为一
座装满了最聪明伶俐的慰藉手段的宝库，其中堆积着那么多令人
舒爽、令人缓和与令人麻醉的东西，为了这个目的，有那么多最危
险最莽撞的手段被冒险使用，特别是，它那么精细、那么机巧
地——以那么南方的机巧——地猜中，用什么样的刺激性情绪可
以至少暂时战胜生理障碍者们的深深的抑郁，铅一般的疲惫，和黑
378 色的悲伤。因为总的来说：一切伟大宗教都首先关乎对某种特定
的、正变成传染病的疲乏和沉重。人们从一开始就能假定，大概：
时不时在地球上某些特定的地点，几乎是必然会有某种**生理上的**
阻碍感一定要成为广大群众的主人，可是这一点，因为缺乏生理学

知识,并未如其所是地进入意识,这就使得只能从心理—道德方面去寻找和试寻它的"原因"和对它的补救(——这也就是我为统称"宗教"者给出的最通用模式)。这样一种障碍感的来历可能各有不同:比如是太过疏异的种族之间杂交的后果(或者是等级之间的杂交——等级总是也表达了出身与种族的差异:19 世纪欧洲的"入世之痛"[①]"悲观主义"本质上即是一次胡乱而突然发生的等级混合的后果);或者由一次错舛的移民所决定——某个种族陷入一种他们的适应力无法胜任的气候中去(在印度的印度人就是一个例子);或者是种族的老迈和疲惫的后续作用(1850 年之后巴黎的悲观主义);或是一套错误的饮食定则的后续作用(中世纪的酒精成瘾;素食者的胡搞,固然,他们可援引莎士比亚笔下的容克地主[②]克里斯朵夫[③]的权威);或是因为败血,疟疾,梅毒及诸如此类者(在那场用诸般恶疾污染了半个德意志从而为德意志奴性、德意

① "入世之痛"(Weltschmerz,字面义为"世界痛楚")乃活跃于 18、19 世纪之交的德语作家让·保尔(Jean Paul)所造语,表达一种悲观的、内在生活的需求与外在现实不相适应的感觉。——译注

② 莎士比亚……]《各遂所愿》第一幕第三场 。——编注

据戴瑟尔,尼采所读为施莱格尔/蒂克的译本,容克地主克里斯多夫即剧中之"安德鲁爵士":"安德鲁 :[……]有时我觉得我跟一般基督徒和平常人一样笨;可是我是个吃牛肉的老饕,我相信那对于我的聪明很有妨害[……],我得戒了"(《莎士比亚全集》,朱生豪等译,人民文学出版社,1994 年,418 页)。按:此剧(又名《第十二夜》)中安德鲁爵士形象是个粗蠢的反角,且无法做到真的守斋,若仅限于此处理解,则尼采的引用颇为乖戾;考克里斯朵夫之名,本自基督教圣徒基道霍(St. Christopher),以背负耶稣过河知名,传说他在皈依时受一位隐修士开导,但不愿守斋祈祷,只以负人渡河以为修行;中世纪一位德意志主教描写的传奇(Vualtheri Spirensis, *Vita et passio sancti Christopher martyris*)中,圣基道霍貌寝恶,嗜人肉,后逢耶稣而皈依,此等情节亦颇切于此处题旨,姑陈之以备考。——译注

③ 克里斯朵夫]付印稿上此处删去如下内容:我是个吃牛肉的老饕,我相信[———]。——编注

志小气营造好土壤的三十年战争之后的德意志抑郁)。在这样一种情况下,每次都会有发动一场对无趣感的斗争的大规模尝试,这种斗争最重要的实践和形式,我们来简短地了解一下。(在这里,尽量公道地,我摒去通常始终会同时进行的对这种无趣之感的真
379 正哲学家的斗争,完全不谈——它十分有趣,但是太荒谬,在实践上太无关紧要,太像蜘蛛网和徜徉于角落了,比如,如果疼痛应该被证明是一个谬误——其天真的前提是,一旦在疼痛中那个谬误被认识到了,疼痛就必定会消退——那就看着吧!它会守着自己不消退的……)人们跟那种支配性的无趣作斗争时,其第一个[①]手段是把基本的生命感觉降到最低点。可能的话,不再有意愿,不再有愿望;避开一切造成情绪、造成"血"的东西(托钵僧卫生学:不吃盐);无爱;无憎;不动心(Gleichmuth);无怨;不求财;不劳动;乞讨;如有可能不近女色,或尽可能少近:在精神方面则是帕斯卡尔的原则"要自令鲁钝"[②]。结论,心理学和道德上的表达:"去自身

① 第二个手段从18节才开始涉及("另一种训练")。——译注

② 原文为法语:il faut s'abêtir。"abêtir"[鲁钝]一词多见译为"愚蠢",不确,实为放弃思考、"与物宛转"、自同畜类之义。参见《思想录》第三编第233节关于信仰即赌博的讨论:"基督徒[……]在向世界阐扬宗教时,正是在宣称那是一种愚蠢(sottise)、stultitiam[……]",以及"去追随他们【译按:信徒】所已经开始的那种方式吧:那就是一切都要做得好像他们是在信仰着的那样,也要领圣水,也要说会餐,等等。正是这样才会自然而然使你信仰并使你畜牲化(abêtira)。"据说"畜牲化"一词在皇港修院1670年初版中未敢印出。(帕斯卡尔:《思想录》,何兆武译,商务印书馆,1985年,第109—110页,第112—113页,并脚注①)此词用法或本蒙田(Il nous faut abêtir pour nous assagir,et nous éblouir pur nous guider[人要动物般鲁钝才会变得聪敏;眼睛瞎了才会得到指引])及《蒙田随笔全集》中卷(马振聘等译,译林出版社,1996年,第173页)及笛卡儿(参见福斯特·布里安:《帕斯卡尔关于"鲁钝"的用法》,载《法语研究》,1965年第4期,第379—384页)。——译注

化”、“神圣化”;生理学上的表达:催眠,——是在尝试,使得在少许种类的动物之为**冬眠**者,在众多炎热气候下的植物之为**夏眠**者,在人类亦可得而近之,质料消耗和质料代谢的最小化,于此之际生命刚好还可以持存,而又没有真正进入意识。为此目标却耗费了惊人的一大块人类能量——难道是徒劳的?[①] ……这些盛产于所有时代和几乎所有民众的“神圣性”运动员,事实上发现了一种真正的救赎,从他们用那么严酷的训练与之对抗的东西那里摆脱出来[②],这一点绝无可疑,——在无数的案例中,借助于他们系统的催眠手段,他们真的从那种深深的生理性抑郁中走**出来**了:因此之故,他们的方法学算得上是最普遍的人种学事实之一。同时亦决不该单把这样一种要以饥饿断绝肉身性和欲望的意图本身(就像有一类大手大脚地嚼烤牛排的“自由思想者”和容克地主克里斯朵夫之辈喜欢做的那样[③])看作错乱之症状。更当肯定的是,它提供 380
和能够提供的是通向各种各样精神困扰的**道路**,通向比如“内在之光”,就像阿陀斯山的静修士们[④]一样,通向对音声形容的幻听幻视,及感性的欣快流溢与狂喜(圣德兰[⑤]的故事)。带着这些状态

① 为此……]据付印稿:顺便说一下,大多数荒野圣人的程序是朝向这种睡眠而去的——他们中有许多达到了——朝向那种无聊,绝对的、不再被感受为无聊,却被感受为虚无和虚无之感的无聊[— — —]。—— 编注

② 此句中“运动员”(sportsmen)与“训练”(training)原文为英语。——译注

③ 据上面相关注释,则“自由思想者”(Freigeister)与克里斯朵夫之辈只“喜欢”断绝欲望的“意图本身”。——译注

④ 阿陀斯山的静修士(Hesychasten vom Berge Athos):自14世纪长驻希腊阿陀斯山的一个修道团体,以祈祷与苦行求获宁静。——译注

⑤ 圣德兰(der heilien Therese):此处盖指大德兰(Teresa of Avila),16世纪西班牙加尔默罗会修女,以丰富的神秘宗教经验著称,有多部灵修著述传世。——译注

的人们对诸如此类的状态所做的解读，总是错得不能再错，痴狂得不能再痴狂，这些自不待言：人们只不要漏听那种最心悦诚服的感激的声调，那种在追求这样一种阐释方式的意志中正好奏响的声调。最高的状态，**救赎**本身，那种最终达到的全面催眠和寂静，总是被他们当作即使用最高的象征也表达不出来的秘密本身，被当作向着事物的根基的内返和返乡，当作摆脱一切妄想的自由无碍，当作“知识”、“真理”、“存在”，当作对一切目标、一切愿望、一切做为的了脱，当作连善与恶也超越了的彼岸。“善与恶”，佛教徒说道，——“两者皆为镣铐：圆满者将是两者的主人”；吠檀多的信徒说道，“所做的和所未曾做的，于他并不招致疼痛；作为一个智者，他把善恶之事甩脱于自身之外；他的王国不再罹受任何作为；他超越于善恶两者之外”[①]：——一个既是婆罗门教也是佛教的完全印度的见解。（在印度教和基督教的思维方式中，“救赎”既不是通过美德也不是通过道德上的改进而**可以达到**，尽管两者把美德的催眠价值都设定得如此之高：这一点人们应该牢记，——顺便说一下，这一点完全符合事实状态。在这一点上始终做到**真实**，这也许可以看作三个最伟大而且也最彻底地道德化了的宗教中最好的一份现实主义。“对于知道者[②]而言不存在义务”，“救赎的到来并不
381 经由美德的**增添**：因为救赎在于跟不能于完满有所增添的婆罗门
的合一；同样也不通过错误之**减少**：因为与之合一即得救赎的婆罗

① 据克拉克-斯文森，此处尼采引用赫·奥尔登堡，《佛陀：他的生平、学说与教众》，第50页。——译注

② “知道者”(den Wissenden)此处指掌握宗教真谛者，与尼采自比的“认识者”(Erkennender，或称为或“虔诚于认识者”，参见《善恶的彼岸》第25、26、105节)不同。——译注

门永远纯洁”——这些出自商羯罗[①]注释的立场，转引自欧洲第一个真正识得印度哲学的专家，我的朋友保罗·杜森[②]。）对伟大宗教中的“救赎”，我们自愿意保持尊敬；至于深度睡眠在甚至已经疲于做梦的生命疲乏者们那里得到的评价，要对它保持严肃，对我们来说反而有点困难——也就是说，把深度睡眠当作融入婆罗门，当作已达到的与神的 unio mystica［神秘合一］。“当他此时彻底沉入睡眠——”，那卷最古老、最可敬的“文字”中对此论道，“——并完全达到安宁，再也看不到梦中景象，那么这时，他，哦尊贵的人哟，与存在者合为一体，他融入他自己，被认识性的自身所拥抱着，他再也没有对内部或外部的意识。无论是昼夜、年龄、死亡、苦难、好或坏的事业，都跨不过这座桥梁。”[③]“在深度睡眠中”，三大宗教中这个最深沉的宗教的信徒同时还说道，“灵魂超升出肉身之外，融入最高的光，并由此于本真的形态中现身：此际他即是最高精神本身，这精神周游四表，戏谑、嬉游和自得其乐，或狎于妇人，或驱驾车乘，或朋友交好，此际他再也不会回想到身体这个附属物，它

① 商羯罗(Çankara)：8 或 9 世纪的印度吠檀多派宗师，对《奥义书》等经典有大量注释。此处引用盖出自他所注释的跋陀罗衍拿的《吠檀多经》。——译注

② 尼采于此所引用的是：《吠檀多体系》，莱比锡 1883 年，尼采图书遗藏；《吠檀多经（译自梵语）》，莱比锡，1887 年，尼采图书遗藏 。——编注

据克拉克-斯文森，引文亦见《吠檀多体系》XXXV：3(435 页)。——译注

保罗·杜森(Paul Deussen)：德国东方学家和哲学家，尼采友人；所译《奥义书》徐梵澄称为最善(《五十奥义书·译者序》，北京社会科学出版社，1995 年)。——译注

③ 此引《奥义书》之《唱赞奥义书》第 8 篇第 6 章，中译据德文(据克拉克-斯文森，见上引《吠檀多经》Ⅲ，ii，7，375 页)直译；尼采盖自己对引文作了组织，主体部分徐梵澄译作：“‘自我’者，堤岸也，分此诸界使不相乱。昼与夜，不登彼岸焉。亦无老、死、忧悲、善行、恶行。”(《五十奥义书》，徐梵澄译，中国社会科学出版社，1995 年，236 页)——译注

曾经拴住了波那[1](生命气息),就像拖车套住挽畜一样。”[2]尽管如此,在这里,正如在“救赎”问题上,我们还是要记住:这些话,不管有多少东方式夸张的侈言,所表达的评价,从根本上仍然不过是跟
382 那位清晰、冷静、有着希腊式冷静但却在受着苦难的伊壁鸠鲁相同的评价:催眠的虚无感,最深度的睡眠的安宁,简言之即**无苦难状态**(Leidlosigkeit)——对那些罹受苦难者和严重失调者来说,这已经可以当作最高的好,当作价值的价值,**必须**被他们评价为肯定,被**唯一**感受为肯定本身。(就是按照这种感觉逻辑,在所有悲观主义宗教中虚无皆被称为**神**。)

18

比起这样一种通过催眠对敏感性、对疼痛感受力所加的全面窒塞,更频繁得多的是另一种训练,被尝试用来对付抑郁状态,前者已经只需较少的力量,首先必需的是勇气、对意见的蔑视和“知性的斯多亚主义”,后者则无论如何更加轻松:**机械性活动**。一个罹受苦难的此在用它便可以在一个相当可观的程度上得以缓解,对此完全无法怀疑的:人们今日有些不诚实地称这个事实为“劳动

---

① “波那”原文为梵文 Prâna,或译为“命”“身命”或“寿”,吠檀多学说用以命名所有生命体端赖的能量;今亦有以之命名瑜伽中特定的呼吸方法(音译或作“普拉纳”)。——译注

② 此引《唱赞奥义书》第 8 篇第 12 章(据克拉克-斯文森,见上引《吠檀多体系》第 199 页),徐梵澄译作:“如是,此安静者,起乎此身而达于至上之光明,以其自相而现焉;是为‘至上之夫’。彼于此而游而嬉而戏,与妇女,车乘、朋从而相乐,而不记其有生所系之此身也。如驯马服车,生命之气息乃系于此身体。”(《五十奥义书》,第 247 页)——译注

的福气”[1]。缓解是因为，受苦难者的兴趣彻底从苦难上转移开去，——一种行为、从来都只有一种行为进入意识，结果，意识里留给苦难的地方就很少了：因为人类意识这个小屋子是**狭窄**的！机械活动以及其所连带者——比如绝对的规则性、按时而不假思索的顺从、生活方式的从一而终、时间排满、某种特定的许可，不错，就是对“无人格性”、对自身忘却、对“incuria sui”［否认自己］[2]的一种培养——：对于如何把这些用来跟疼痛作斗争，苦修教士知道得何等透彻和精细呵！如果他正好要跟低等级的罹受苦难者，跟劳动奴隶或者囚徒（或者跟女人：她们大部分真是身兼劳动奴隶和囚徒两者）要打些交道，差不多只需要一套改名换姓或重新命名的 383
小把戏，就可以使他们此后在可恨之事中看到一件快意之事，一种相对的幸福，——不管怎么说，奴隶对他摸到的那手牌的不满可**不是**教士们发明的。——在对抑郁的斗争中，有一个更受好评的手段是**小欢乐**处方，它开出某种容易获取、可以成为习惯的欢乐；人们经常把这种疗法与上面刚刚提到的那种配合使用。以这种方式把欢乐当作治疗手段开成处方，最常用的形式就是**制造**欢乐的欢乐（即行善、馈赠、纾困、帮助、劝解、安慰、称赞、嘉奖）；苦修教士在开出“博爱”之方时，根本上就是在开出某种刺激，刺激那个最强劲、最肯定生命的冲动——亦即**权力意志**，尽管剂量控制得至为谨慎。“极小优势”的幸福，带来一切善行、裨益、帮助、嘉奖，是生理

① “劳动的福气”（den Segen der Arbeit）：或可译为“劳动之祝福”。《旧约·创世记》本以人之操劳为上帝之诅咒，不过基督教亦承认它是上帝对人的馈赠：“总而言之，人能够在他经营的事上喜乐，是最好不过了，因为这是他应得的报偿。”（《旧约·传道书》第3章第22行）。——译注

② 语出阿诺德·戈林克斯，见本节“戈林克斯”译注。——译注

性障碍者惯于利用的最管用的安慰手段,前提是,他们得到良好的指导:不然的话他们会把彼此弄痛,这当然也是遵循着同一个基本本能。如果到罗马世界中去寻找基督教的开端,会发现多种相互支持的协会,穷人协会、病人协会、丧葬协会等,从当时社会的最底层土壤中生长起来,在这些协会里,对抗抑郁的首要手段,那种小欢乐,相互行善的小欢乐受到有意识的维护,——也许,这些在当时是某种新东西,是一个真正的发现?这时,在一种以此方式被唤起的“求相互关系的意志”,求群盲之养成、求“乡社”[①]、求“会飧”[②]的意志中,由此被激发起来的求权力的意志,尽管极其微小,却必定会又有一次新的、充分得多的爆发:在与抑郁的斗争中,**群盲养成**[③]是一个本质性的进步和胜利。在集体的成长中,即便是对于
384 单个人,也有一种新的兴趣在增强,它常常足以提升他,使他超越他的失意、他对**自己**的反感(戈林克斯所谓的“despectio sui[蔑视自己]”[④])。所有患病者、病态者都本能地,出于一种要抖落闷然无趣和虚弱之感的渴望,去追求某种群盲组织:苦修教士猜中并且

① “乡社”原文为 Gemeinde,狭义指乡镇或牧区一级的行政或教会区划,广义指集体。——译注

② “会飧”原文为 Cönakel(正字为 Zönakel),特指修道院或神学院中共用用餐的房间,有时亦用作礼堂。据克拉克-斯文森,此词的拉丁母词 cenaculum 本指餐厅,见于武加大版拉丁圣经《新约》,指早期基督徒聚会之处;在 19 世纪的法语(le cénacle)和英语(cenacle)中皆指文人雅集。——译注

③ “群盲养成”原文为 Heerdeneinbildung,字面义为“牧群驯化”。——译注

④ 戈林克斯……]参看科利版第 9 卷,11[194]。——编注

阿诺德·戈林克斯(Anorld Geulincx):17 世纪弗莱芒学者,学宗笛卡儿。据克拉克-斯文森,尼采此处当转引自库诺·费席尔的《现代哲学史:笛卡儿其及学派》原文为:“Humilitas est incuria sui. Partes humilitas sunt duae: inspectio sui et despectio sui[谦恭就是不顾自己。有两种谦恭:审察自己和蔑视自己]”。——译注

开掘了这个本能;凡有此群盲处,皆有这种意求群盲的弱者之本能,以及组织此群盲的教士之聪明。可别忽略了下面这点:强者依其本性必然致力于彼此相分,正如弱者致力于彼此相合;前者亦有相合时,然则其预期是要进行一次侵略性的全体行动,是对他们的权力意志作全体的满足,而且还要经受个别良心的多番抵抗;后者则相反,其按顺序组合时之乐趣恰恰在于这个组合顺序,——他们的本能在这方面得到满足,恰如那些天生"主人"(即那种属于独居食肉动物物种的人)的本能从根本上是通过进行组织而得到刺激和安抚。在每个寡头政体中——全部历史教导了这一点——总是隐藏着行霸道的热望;寡头制内部每位单个人为了控制住这种热望都必须紧张,每个寡头制都由于这种紧张而颤抖不已。(比如在希腊就是这样:柏拉图在一百个地方证明了这一点,那个认识他的同类——以及他自己的柏拉图……)

19

我们迄今所见识的苦修教士的那些手段——对生命感觉的全面窒塞,机械性活动,小欢乐、首先是"博爱"的小欢乐,群盲组织,集体权力感的唤醒,其后果是单个人对自身的厌烦为他对集体壮大的乐趣所掩盖——这些,按照现代尺度衡量,是这个苦修教士在对无趣的斗争中采用的无所亏欠[1]的手段:现在我们转向那些更 385

[1] "无所亏欠"原文为unschuldig,既可解为手段本身"无错、无辜",亦指此类手段"(同现代人)不相抵称";下句加引号的"有所亏欠"相应亦有此双关:既可指手段本身"有害、有罪",亦暗示此手段"配得上(现代人)"。——译注

有趣的、“有所亏欠”的手段。在这里，一切皆关乎一事：某种感觉过度[①]，——它被用为对付那种令人昏闷瘫软的长期疼痛状态的最有效麻醉手段；因此在构想这个唯一问题时，教士之善于发明简直是永无止境：“人们何以达致感觉过度呢？”……听起来有点刺耳：当然，倘若我说比如“苦修的教士每时每刻都在利用一切强烈情绪所包含的那种激励[②]”，那听起来会更可爱，也许更容易被听进去。但是何必去抚慰我们的现代娇气儿们软化了的耳朵呢？又何必在我们这边去趋奉他们的伪善辞令呢？对我们心理学家来说，这种做法已经是一种伪善行为了；且不说，它会让我们恶心。今日一位心理学家的好趣味（——其他人会说：他的正派）[③]，如果有的话，便在于他反抗那种有害地道德化了[④]的言说方式，这种言说方式黏液一般粘上了所有关于人和物的现代判断。关于这一点，人们可不要自欺了：构成现代灵魂、现代书籍的最真切标志者，并非谎言，而是那种道德主义诳语中深入骨髓的无辜。这种“无辜”，必须处处一再揭发出来——这，在我们的工作中，在一位心理学家今日不得不承担的所有于其本身并非不假思索的工作中，也许构成了最令人反胃的一块；我们的一块大危险，——一条也许恰

① “感觉过度”原文为 Ausschweifung des Gefühls，本义为“感觉（感情）放纵”，本系苦修教士所最反对者，而尼采却以之指摘苦修教士本身在“（道德）感觉”上不自知的过度。——译注

② “激励”原文 Begeisterung，字面义为“使具有精神、灵性”。——译注

③ “好趣味”原文为 dem guten Geschmack，语带双关：它在德语中一般指道德行为的规则，下文多次出现的“有悖于（好）趣味”的表达通常当译为“不得体”或“不礼貌”；此为直译，意在表明尼采一向标榜的对道德准则的非道德理解方式。——译注

④ 此段中的“道德化”（原形作 vermoralisiren）与本书中大多数（moralisiren 或 Moralisirung）不同，或为尼采生造，加了一个经常表示变异或贬义的前缀。——译注

恰把我们导向大恶心的道路……我不怀疑，现代书籍（假定它们能持久，虽然这一点不用担心，并同样假定他日会有一代趣味更严格、更强硬、更健康的后世）——的唯一用处是干什么的，对这样的后世，全部现代之物（Moderne）到底会用来、能够用来干什么：用来作催吐剂，——此则归功于它们道德成分的甜腻和虚假，它们那种最内在的、喜欢自称为“唯心主义”终究也相信唯心主义的女性主义[①]。今日我们的有教养者们，我们的“好人”们是不撒谎的——这是真的；可这没有给他们赢得什么荣耀！真正的谎言，切实、果决、“诚实”[②]的谎言（关于它的价值可以去听听柏拉图[③]的说法），是某种太过严酷、太过强健的东西，远非他们所及；那是指望在他们那里不可以指望之事，即把眼睛对着自己睁开，知道在自己这里来区别“真”和“假”。唯有不诚实的谎言适用于他们；今日所有自觉其为“善良之人”者，对无论什么事体皆完完全全没有能力持有其他立场，唯有不诚实地撒谎，深渊般地[④]撒谎，却也是无所亏欠地撒谎，真心实意地撒谎，瞪着蓝眼睛[⑤]撒谎，颇有美德地撒谎。这些“善良的人们”，——他们现在全都从根底上彻底道德化 386

① 据杜登辞源字典，德语中“女性主义”（Feminismus）行于20世纪下半叶，此处或为尼采对法语 féminisme（首见于1837年）的转写，其义自不同于今日所谓女性主义者。——译注

② “诚实”原文 ehrlich，词根即为“荣耀”（Ehre），字面义为“关乎荣耀的”，亦暗指《理想国》中苏格拉底所言“高贵的谎言”（414b），谎言如药，只可供统治者用，而平民的谎言需当惩办（389b—c）。下文言“不诚实的”同理亦可解为“无关荣耀、不高贵的（谎言）”。——译注

③ 柏拉图《理想国》414b—c；382c；389b；459c—d；《法律篇》663e 。——编注

④ “深渊般地”原文 abgründlich，盖既形容谎言之“无根据”，亦言其“发自深处”“深不可测”。——译注

⑤ “蓝眼睛”在德语中又表示如婴儿般无邪的目光。——译注

了，在诚实方面永远地受到损害和糟踏：他们中还有谁受得了一个“关于人类”[1]的真理呵！……或者说得更具体一些：他们中谁会忍受一部真实的传记！……一些征兆：拜伦爵士关于自己记录了一些最个人的事情，托马斯·穆尔却“好”得受不了这些：他烧掉他朋友的文稿。叔本华的遗嘱执行人格温纳尔博士[2]应该也做了同样的事：因为叔本华也记录了一些关于自己也许还不利于自己（“εἰς ἑαυτόν[反乎己][3]”）的事情。有才干的美国人萨尔，贝多芬的传记作者，突然中断了他的工作：在写到那条可敬而天真的生命的不知道哪一点上，他再也无法忍受它了……道德：今日哪个聪明的男人还会写下些真实的关于自己的事情？——那他一定是属于圣莽汉骑士团[4]的吧。有人向我们许诺会有一部理查德·瓦格纳的
387 自传[5]：谁会质疑那将是一部聪明的自传呢？……让我们再回想

① “关于人类”原文 über den Menschen，亦可解为“高于（超过）人类”。——译注

② 美因河畔法兰克福的律师，发表过三部叔本华的传记，但销毁过叔本华的自传材料。——译注

③ 此处希腊短语的介词“εἰς”即可表示“关乎”也可表示“反乎”，“εἰς ἑαυτόν”可表示“自省”，如马可·奥勒留的《沉思录》即作 *Τὰ εἰς ἑαυτόν*[自省集]。——译注

④ “圣莽汉骑士团”（Orden der heiligen Tollkühnkeit），戏仿教会骑士团组织的名称。“骑士团”（Orden）为通译，本义为“等级、组织”，中古多指特定的修会组织。——译注

⑤ 拜伦……]参看《拜伦文集杂编》，恩斯特·奥尔特莱普译，斯图加特，未标年份，尼采图书遗藏；威廉·格温纳尔：《叔本华：亲炙者说》，莱比锡，1862 年，尼采图书遗藏；亚·维·萨尔，《贝多芬传》，柏林，1866 年及以后。理查德·瓦格纳的自传参见本论第五节相关编注 。——编注

[译按：穆尔（Thomas Moore）之事据克拉克-斯文森为讹传。格温纳尔（Wilhelm von Gwinner）为叔本华友人与遗著保管者，他对叔本华遗稿作了编号与分类，其后人捐给叔本华档案馆的清单中确有若干已有编号的文稿遗失。萨尔（Alexander Wheelock Thayer）的五卷《贝多芬传》代表此领域最高水准，至尼采当时出到第三卷，工作实未“中断”，至萨尔身后出齐。]

一下天主教教士扬森[①]方正而温厚得不可思议地琢磨出来的对德意志改革运动的描绘，和它在德意志所激起的那种喜剧般的惊讶；倘若曾有人对这个运动作了另一种叙述，倘若曾有一位真正的心理学家描述了一个真正的路德，不再带有一个乡村神职人员的道德主义质朴，不再带有新教历史学家们的那种泛着甜味、顾虑重重的羞耻心，而是比如带着丹纳式的不惊不惧，[②]发自某种灵魂的强健，而不是出于某种对这种强健的聪明爱护？……（德意志人，这里插一句，最后还是相当精彩地推出了前者的经典类型，——他们可以把他算到自己头上，算是他们做的好事：也就是他们的莱奥波尔德·兰克，[③]一切 causa fortior［更强的原因］天生而经典的 advocatus［辩护者］，所有聪明的"实事求是者"中最聪明的一个。）

20

不过，人们毕竟总会理解我的：——从总体上来看，我们心理学家时至今日还摆脱不了对我们自己的一点不信任，这有足够的

① 扬森］约·扬森（J. Janssen）：《中古以降德意志民众史》，弗莱堡，1877 年；尼采于 1878 年 12 月 31 日购得，然未并入尼采图书遗藏。关于扬森可参见尼采 1879 年 10 月 5 日致彼得·加斯特的信。——编注

② 此处当指丹纳的《艺术哲学》中对文艺复兴时艺术家鲁莽强悍生活的著名描述。据克拉克-斯文森引尼采 1886 年 7 月至莱因哈特·封·塞德里茨与 1887 年 11 月 14 日致雅克·布克哈特的信，尼采对丹纳极尽称赏，将他与布克哈特称为当代仅有的两位能读懂他的读者；该英译者并指出丹纳与兰克的历史观之不同，丹纳立场保守，价值观鲜明且更注重作为整体的社会历史。——译注

③ 兰克（Leopold Ranke）：当时最著声名的历史学家，注重对历史的客观还原。——译注

理由，不是么？……大概，连我们也“好得”受不了我们的手艺了，连我们都是这个道德化了的时代趣味的牺牲品、猎物和患者，即使我们这样强烈地觉得自己是这种趣味的蔑视者，——大概，它连**我们**都感染了。当外交官[①]向他的同类说，“首先，我的先生们，切莫信任我们的第一阵激动”，他到底是在向我们警告什么呢？他说，“**它们几乎总是好的**”[②]……今日每个心理学家应该也这么对他的同类们说……由此我们回到我们的问题，它实际上向我们要求少
388 许严格，特别是少许对“第一阵激动”的不信任。**为某个追求感觉过度的意图服务的苦修理想**：——谁若记得上一篇论文，则将从本质上预先把握取此间所论者的、被紧凑地概括在上面这句话中的内涵。使人类灵魂一下脱离所有问题，使它如此这般地没入诸般惊恐、寒战、灼烧和迷狂之中，竟有如通过一次电击而脱离了无趣、沉闷、失调所带来的一切渺小和小气者：有哪些道路通向**这些**目标呢？其中又有哪些是最安全的呢？……从根本上看，所有伟大的情绪都能够做到，前提是，它们是突然被释放的，愤怒、恐惧、欣快、报复、希望、胜利、绝望、残忍；而苦修的教士毫不犹豫地把人类身上这群野狗**全部**引为己用，忽而嗾使这只，忽而嗾使那只，目的总是一个，把人类从他那迟缓的悲伤中唤醒，让他把他那昏闷的疼

① 外交官]塔列朗；参看科利版第 12 卷，10[78]。——编注[译按：夏尔·莫里斯·德·塔列朗-佩里戈尔(Charles Maurice de Talleyrand-Périgord)：法国贵族，外交家，历任督政府至路易十八时期的外交大臣，当时欧洲外交界奇才。]

② 引文是德文，据《尼采频道》，原文当作：“有那么一瞬间，我真想要老老实实地告诉他真相。但是幸运地，我记起了德·塔列朗先生对使馆的年轻秘书们说的话：当心你的第一个冲动；它总是慷慨大方的。”参见司汤达：《旅行回忆》，巴黎，1877 年，第二卷。——译注

痛、迟疑的悲嗟至少轰走片刻，还总是以某种宗教性的阐释和“辩正”之名做这些事。每一种以此方式达到的感觉过度事后都得了**报偿**，这自不待言——它使患病者病得更重——：因此，此种补救疼痛的方式，照现代标准衡量，是一种“有所亏欠”的方式。然而，因为有公平的要求，人们必定越来越坚持说，这种补救在实施之时是**带着好良心**的，苦修教士开出这个疗法时是抱着至深的信念的，相信它有疗效，甚至不可或缺——即使，相当经常地，在他几乎是毁灭性地造就的那种悲惨面前，也是如此；同时还坚持说，这些过分[①]所招致的生理上的剧烈反弹，也许甚至是精神上的扰乱，从根本上看，跟此类疗法的整个意义并非真正相悖：此等疗法，如前所示，并**非**致力于疾病的治疗，而是致力于同抑郁性无趣作斗争，是 389
要使之缓和，使之麻醉。这个目标也**这样**达到了。在人类灵魂上奏响种种撕裂性的狂乱音乐时，苦修教士放胆施展的主要手法，就是——这一点尽人皆知——，通过对**亏欠感**的利用而使出来的。这种亏欠感的来历，在上一篇论文已经简短提示过了——是动物心理学之一部，此外无他：当时，我们只是在其粗胚状态中遇见它。只有到教士、到这位利用亏欠感的真正艺术家的手中，它才有了形状——哦，是个什么形状啊！“罪”——教士对动物性的“坏良心”(那种反向而噬的残忍)的重新解释就是这样声称的——乃是患病灵魂的历史上的最大事件：我们在其中遇到宗教阐释最危险、最灾难性的花招。人，自受其身之苦难，无论以何种方式，在任何情况下都是生理性的，犹如关在笼柙中的动物，不明白何以、何为至此，

① “过分”(Excesse)：盖指上述“感觉过度”言。——译注

只急着要根据——根据有缓解作用——也急着要药物和麻醉，他
最终向唯一一位知道秘密者咨询——请看罢！他得到了一个提
示，他从他的巫师、那位苦修教士那里得到了对他所受苦难的“原
因”的**第一**提示：他应该**在自身中**、在某种亏欠中、在某段过去中寻
找，他应该把他的苦难本身理解为一个**惩罚状态**……他听见了，他
理解了，这位不幸者：现在他的情形就像周围被划了一圈线的母
鸡。他再也不走出这个线圈了：患病者乃成为“有罪者”。……于
今人们已有一两千年没有摆脱掉对这种新的患病者、“有罪者”的
视角，——日后可还摆脱得掉吗？——放眼望去，处处是有罪者催
390 了眼的目光，总在唯一一个方向上（指向“亏欠”的方向，那**唯一**的
苦难因果律）移动；处处是邪恶的良心，用路德的话说，这“残暴的
动物”[①]；处处在反刍过去，扭曲事实，对一切作为瞪着“绿眼”[②]；处
处是那种已被弄成生命内涵的误解**意愿**，要误解苦难，把它重释为
亏欠感、恐惧感、惩罚感；处处是鞭子，起毛的衬衣，饥饿殆毙的肉
身，愧怍之噬啮；处处是有罪者在一个贪婪得病态的不安良心构成
的残忍轮具里自处以轮刑；处处是喑哑的煎熬，极度的恐惧，历经
磨难的心的临终抽搐，某种未知幸福的阵阵痉挛，朝向“救赎”的嘶
喊。事实上，凭这一整套程序，古老的抑郁、沉重和疲乏已经被彻
底**克服**，生命又变得**非常**有趣：清醒，永远清醒，彻夜不眠，发着炽
热，烧焦了，耗尽了，而不疲倦——人类，“有罪者”，**上述这门**秘教

① “残暴的动物”（grewliche thier），据《尼采频道》，参见路德的《桌畔谈话》，1542到1543年冬季，5513条。——译注

② “绿眼”（grüne Auge）：德语传说童话中恶魔、邪巫常以“绿眼”形象出现。——译注

的入室受传者，就是这般模样。那位跟无趣作斗争的伟大老巫师，苦修教士——他显然获胜了，**他的**王国到来了：人们已经不再抱怨**反对**疼痛，人们**贪求**疼痛；“**再多些**疼痛！**再多些**疼痛！”他的门徒和正式受传者们的期望这样喊了几个世纪之久。每种造成痛楚的感觉过度，那摧毁着、推翻着、捣碎着、使人如痴如狂的一切，刑讯室的秘密，乃至地狱里发明的花样——这一切，今后都已得到揭示，猜解和充分利用，一切都为那个巫师所用，一切此后都将助长他的理想、苦修理想获得胜利……“我的国不属于**这**世界”[①]——他从来都这么说：他真的还有权利这样说么？……歌德[②]称悲剧性情境不过三十六种：从这里看出来了吧，倘若人们此前都还不知道的话，歌德不是个苦修教士。他——见识更多……

21

391

169

就**上述**整个种类（“有所亏欠”这一类）的教士疗法而言，批评之辞皆为多余。照苦修教士在这种病例中为他的患者所惯开的方子（不用说，当然是以最神圣的名义，同时亦充满其目标的神圣

---

① 《新约・约翰福音》第 18 章第 36 行。——编注

［译按：耶稣回应对他自称“犹太人的王”的指控说：“只是我的国不属于这世界。［……］我为此而生，也为此来到世界，为了给真理作见证。凡属真理的都听我的话。”］

② 歌德］与爱克曼的谈话，1830 年 2 月 14 日 。——编注［译按：歌德在此日谈话中颇涉“此世”与“彼岸”的话题，然并未直接作此宣称，只提到戈齐（Carlo Gozzi，意大利 18 世纪剧作家）说悲剧性情境只有 36 种，席勒想尽力找出更多，却连 36 种也没有找到。此“假说”后由法国作家乔治・波尔蒂（Georges Polti）在《悲剧情境 36 种》（*Les trente-six situations dramatiques*，1895 年）证成；波尔蒂在该书导论中亦援引歌德此处谈话。］

性），这样一种感觉过度真的还会对什么病人有用：有谁还有兴趣去支持这种说法呢？人们至少应该懂得如何对待“有用”这个词。如果要这样表达，说一个这样的治疗体系使人类改善了，那我也不反对：不过要补充一下，对我来说何谓“改善”——恰恰等于“驯服”、“虚弱”、“气馁”、“变机巧”、“温柔化”、“被去势”（也就是说几乎被损害了……）而如果治疗的主要是患病者、失调者、抑郁者，则一套这样的系统在一切情况下都是使病人（假定使他“改善”）病得更重；只要去问一下精神病医生[①]们，按照一定方法采用忏悔之煎熬、愧怍之噬啮以及救赎之痉挛，从来会导致些什么东西。同时也可以询问一下历史：凡是苦修教士施行这些治疗之处，病态每一次都往深处和广处蔓延，快得令人骇异。“成功”的都是些什么啊？在本来已经患上病的部分之外，加上一个破损的神经系统；无论从最大还是最小的地方看，无论是个人还是群体，皆是如此。我们在忏悔训练和救赎训练的后效中，发现骇人的传染性癫痫，其中最大者，历史上所知的，即如中世纪跳圣维特[②]舞和圣约翰[③]舞[④]的人们

① 据考夫曼提示，20世纪方定型的精神病收容诊治模式，当时应尚未存在。——译注

② 圣维特（原文St. Veit，或作Saint Vitus），天主教圣徒，殉教于303年。中世纪后期在德国等地兴起圣维特节，众人围在他的塑像前舞蹈，后“圣维特舞”成为舞蹈病的代称。他亦被视为舞者、演员、癫痫病患者等的守护者。——译注

③ “圣约翰”（原文St. Johann，或作Saint Johannes）：基督教史上名为“约翰”（“若望”）的圣徒有多人。此处盖指最著名的耶稣的使徒约翰。他与圣维特在殉教时皆受油烹之刑。——译注

④ “跳圣维特舞和圣约翰舞”，盖指中世纪黑死病时期在德国等地流行起来传遍欧洲的群体性舞蹈狂热（Choreomania，德语或作Tanzwut或Tanzplage，英语或称Dancing Mania），当时亦称约翰舞病（Johannistanz，或作Johannestanz），大群人无法自止地跳舞跳至虚脱，并伴有幻觉。当时对这种现象多从宗教方面作解释，其原因至今似尚未有令人信服的解释。——译注

所患的那些癫痫病;我们发现,它的后遗影响的另一种形式是可怕的瘫痪和持续的抑郁,有时一族民众或一座城市(日内瓦、巴塞尔)的气质会由此而一下永远地转到其反面;——女巫癔症(Hexen-Hysterie)亦属此类,某种与梦游症有亲缘关系的病(单在 1564 年至 1605 年之间,这种病就有八次大规模的传染)——;同时我们在 392
它的后果中发现了寻求死亡的群体性谵妄,它那骇人的叫喊“死亡万岁”[①]整个欧洲都听见了,时而被欣快的特异反应、时而被暴怒的特异反应所打断:且看,凡是苦修者的罪恶学说又一次取得重大成功之处,那同样的情绪转换,同样的间歇和跳转(宗教性神经症作为“坏东西”[②]的一种**出现**形式),今日在欧洲尚处处可见:这是没有疑问的。这形式是什么? Quaeritur[这是个问题]。总体来看,苦修理想和它精巧地道德化了的崇拜(Cultus),这样一种在神圣意图之庇护下对运用感觉过度的所有手段所作的精神上最丰富的、最不假思索和最危险的系统化,以一种可怕而不可忘却的方式载进了人类的全部历史;可惜却**不只是**载进他的历史……我几乎不知道还能举出其他什么东西像这个理想这样,如此毁灭性地掏空了——尤其是欧洲人的——**健康**和种族精力;可以毫不夸张将之称之为欧洲人类健康史的**真正灾难**。最多或许只有日耳曼特性的影响还可以与之相比:我指的是欧洲的酒精中毒,它迄今跟日耳曼人的政治及种族优势同步发展(——当他们输入日耳曼人的血

① “死亡万岁”原文为意大利文,出处未详,evviva la morte,常被用作表示甘愿牺牲的口号。——译注

② “坏东西”(bösen Wesens)本指邪恶的精灵、魔鬼之类。——译注

液之际，亦输入了其恶习[①]）——再其次，应该数梅毒了，——magno sed proxima intervallo[不能望前者之项背]。

22[②]

但凡他取得统治之处，苦修教士皆败坏了灵魂的健康，结果
393 是，他也败坏了**趣味**，in artibus et litteris[在艺术与科学方面][③]，——他一直还在败坏它。“结果是”？——我希望，人们允许我直接说这个“结果是”；至少，我先不打算证明它。一个唯一的提示：基督教文献的根本之书，他真正的模范，他的“自在之书”。在希腊－罗马的辉煌——那也是一代书籍的辉煌——中，在一个还未曾凋落颓败的古代文字世界，在一个人们还能够读到一点点书籍（现在人们会用一半文献来跟这一点点交换）的时代，基督教煽动家们——人称教父者——的简单和虚荣已经胆敢宣布：“**我们**也有我们的经典文献，**我们不需要希腊人的经典文献**”，——于此自负地指向圣徒传说集（Legendenbücher），使徒书信（Apostelbriefe）和辩护册（apologetische Traktätlein），大概就像今日英国的“救世军”用某种近似的文献来进行反对莎士比亚及其他“异教徒”[④]。人们已然猜到，我不爱那个《新约》；关于这部最受称赏而

① 与基督教大兴同时日耳曼人之数支亦融入罗马，其时以勇悍嗜酒著称，故云。——译注

② 据考夫曼，此节可与《善恶的彼岸》第52节参看。——译注

③ 拉丁短语 artibus et litteris 字面义为“艺与文”，现代欧洲于学术奖章上时有“litteris et artibus[斯文与艺]”，表示“（对）科学与艺术（之贡献）”。——译注

④ 此“异教徒”（Heide）专指不信从三大一神教之上帝者。——译注

称赏亦最过的著作，我的趣味竟然如此孤立，这几乎让我不安（有两个千年的趣味在**反对**我呢）：但有什么办法呢！“我站在这里，此外什么也不能做”[①]，——我有勇气对我的坏趣味这样说[②]。至于《**旧**约》——就完全是另一回事了：向《旧约》致敬！我在其中发现伟大的人，适合英雄的风景，以及某种大地上至为稀有之物，**强健心灵**的无可比拟的天真；此外，我还发现了一族民众。在那个新的《约》里，与此相反，纯粹就是小气的派别算计，就是灵魂的洛可可风，就是加了些花饰、有许多小尖角和奇形异状，就是秘密集会的气氛，不忘偶尔吹一点牧歌的甜蜜气息，它既非犹太的，亦非泛希腊的，是属于那个纪元（**以及**罗马行省）的。恭顺与妄自尊大紧紧相依；一种几乎致聋的感觉聒噪；无激情的激荡；乖张的姿态表演； 394

显然，这里缺乏每一种好教养。怎么可以从他们那些小小无德中生出这许多事来，这些虔诚的小男人们怎么做到这些的！有人会关心这些吗；更不用说神了。最后，他们竟然还想要“永恒生命的冠冕”[③]，所有这些外省的小人们：到底要干什么用？到底为了什么？这种不谦逊无以复加。一个“不死”的彼得：**这个**谁受得了呵！

① 盖戏仿路德的名句：“我站在这里，此外什么也不能做。上帝保佑，阿门。”据说路德在沃尔姆斯帝国会议（Reichtag zu Worms）拒绝要他放弃学说的要求时以此结束发言，他在发言中表示，自己只服从《圣经》（又尤指《新约》）的教导。——译注

② 我有……]正如司汤达的《红与黑》中的于连·索雷尔；参看科利版第11卷，25[169]。——编注[译按：据《尼采频道》，此处当参见司汤达，《红与黑》下部第十二章，玛蒂尔德认为于连与作为贵族的自己不同，面临危急关头时就不会在意是否“趣味很坏”（être de mauvais goût，或译为“举止不得体”，参见《红与黑》，郝运译，上海译文出版社，1989年，第397页）。疑非尼采本意。]

③ 《新约·启示录》第2章第10行，“你将要受的苦，你不用怕。[……]你务要至死忠心，我就赐给你那生命的冠冕。”——译注

他们有令人发笑的野心：**它**反复咀嚼它最个人之事，它的愚蠢、悲伤和角落中的忧愁，仿佛诸事物之自在[①]有义务关心这些，**它**把上帝本身卷入他们所陷溺于其中的最轻微的苦楚中，不厌其烦。这种不停地跟上帝你啊你啊[②]的坏趣味哟！这种犹太式而又不仅仅是犹太式的用喙和爪冲上帝而去的莽撞哟！……东亚有些小气而为人所蔑视的“异教民众”，从他们那里，这些最初的基督徒本来可以学到点东西的，学到某种敬畏之**节文**；有基督教传教士为证，其人断不许口称神明之名。鄙意以为，这足可玩味；当然，不只是对于“最先的”基督徒来说可玩味：为了感受一下对立面，且不妨回忆一下路德，这个德意志所出的“最善辞令”而不谦不逊的农夫，回忆他恰恰在跟上帝相对而谈时最喜欢用的那种路德式腔调。路德对教会的神圣中介[③]（尤其是对“魔鬼的猪，教宗”[④]）的反抗，从根本上是一个被教会的**好礼仪**、被教士式趣味的那种敬畏礼仪惹得火起的莽汉的反抗，这礼仪只准许圣职更高和更沉默寡言之辈从事至为神圣之事，而把莽汉们摒除在外。这些莽汉在这里本来就应
395 该在永远没话说的，——但是路德，这个农夫，他想要的完全是另一回事，这个样子对他来说不够**德意志**：他首先想要直接说话，甚至是“不促迫”[⑤]地跟他的上帝说话……现在他这样做了。——苦

① “诸事物之自在”（das An-sich-der-Dinge）系对康德“自在之物”概念的倒写。——译注

② 德语圣经中以第二人称称呼上帝时皆用“你”（Du）而非“您”（Sie），以示亲切无间。——译注

③ “神圣中介”（Mittler-Heiligen）盖指教会及其神职人员专任之圣事，承担着上帝与信徒的中介，礼仪繁复，等级森严。——译注

④ 路德指斥教宗语，出处未详。——译注

⑤ “不促迫”原文为 ungenirt，亦有“不拘于成规、放纵不羁”之义。——译注

修理想,可以想见,任何时候在任何地方都不是一所教出好趣味的学校,更教不出好行止了,——在最好的情况下,它是一所教出教士式行止的学校——:这造成了,它本身在肉身的某种东西是一切好行止的死敌,——即尺度的缺乏,不情愿遵守节度,他本身就是一种"non plus ultra[无以复加][①]"。

23

苦修理想不止败坏健康与趣味,它还败坏了第三、第三、第五、第六位的东西——我将避免对之一一列举(那什么时候说得完!)。我在这里要披露的并不是,这种理想起过的作用是什么;而毋宁说完全只限于,它意味着什么,它叫人往什么方面猜想,在它的后面、下面、里面藏着什么东西,它那种暂时性的、模棱两可的、充斥了过多问号与误解的表达是为了什么。只是考虑到这个目的,我才不得不让我的读者们对它那些作用、那些灾难性作用的阴森叵测之处有所窥见:也就是说,使他们做好准备,在苦修理想有何意味这个问题上,迎接就我所见的最后也最可怕的方面。那种理想的权力,它权力的阴森叵测之处,到底意味着什么呢?为何它被赋予的空间竟达到这样一个程度?为何它没有受到更好的反抗?苦修理想表达了一个意志:何处有相反的、在一种相反理想表达出来的意

① non plus ultra[无以复加],此拉丁短语或亦为双关:据《布罗克豪斯对话辞典》1811年版,19世纪初德语中这句拉丁短语常作为市场上叫卖口号,表示"最好的";此语更经常写作 nec plus ultra[不可复加],表示"(尤其是古典视野下的)世界的尽头"。——译注

志？苦修理想有一个目标，——此目标足够普遍，用它来衡量，使人类此在的一切利害皆显得小气而狭隘；它毫不留情地根据这唯
396 一的目标自行解说诸时代、诸民众、诸人类，它不让任何其他解说、其他目标生效，它只在它所阐释的意义（——而可曾存在过一个被彻底思考过了的阐释系统呢？）上去谴责、否定、肯定、确认；它不屈居于任何权力之下，而倒是坚信他在任何一种权力面前的特权，坚信他跟任何一种权力的绝对的等级间距，——它坚信，大地上凡有权力者，无一不是从它这里出发才得到一种意义，一种此在权利，一种价值，无一不是作为它工作的工具，作为通向它的目标、唯一目标的道路和手段……何处有跟这套由意志、目标和阐释构成的封闭系统的对立面呢？为什么缺少这个对立面？……何处有那另外的“唯一目标”？……有人竟然对我说，对立面并不缺少，它跟那种理想已经有过一场漫长而幸运的斗争，不仅如此，还在一切主要方面都已经征服了那种理想：我们全部的现代科学就见证了这一点，——这个现代科学，作为一门真正的现实哲学，据说显然只信仰它自己，显然拥有对自己的勇气，对自己的意志，迄今不用上帝、彼岸和否定性的美德而表现得相当好。这些喧哗和鼓吹手的聒噪，在我这里可没有任何效果：这些现实性号手是糟糕的乐师，他们的声音一听就知道不是从深处发出的，从中发言的不是科学良心的深渊——因为，科学良心在今日是一个深渊——，在这样一些号手的嘴巴中，“科学”[①]这个词简直就是一种猥亵、一种滥用、一

① 考夫曼提醒，此处“（现代）科学”不同于英文中的Science，即不专指自然科学，而毋宁是广义上的“学术”（即“学者”所为之事）。——译注

种无耻。实情恰恰与其所声称者相反:科学在今日根本**没有**对自己的信念,遑论**关于**[①]自己的理想,——在科学若尚有激情、爱、热忱、**苦难**之处,则它并不是那种苦修理想的对立面,而毋宁说本身就是它**最新颖和最高尚的形式**。你们听着觉得很陌生吧? ……在 397
今日之学者中,亦确有足够勇敢和谦逊的劳动者民众,喜欢他们的小角落,因为喜欢待在里面,往往因而不太谦逊地大声要求说,人们今天总算**应该**满意了吧,尤其是在科学上,——这里恰恰有这么多有用之事可做。我不作反驳;我最不愿意败坏这些诚实的劳动者对他们的手艺的乐趣:因为我喜爱他们的劳动。但是,现在在科学中已经有了严格的劳动,有了令人满意的劳动者,这绝**没有**证明,今日科学整体上拥有属于伟大信念的目标、意志、理想和激情。如前所言,情形正相反:若当科学不是苦修理想的最新颖形式,——此则涉及太过稀有、高尚和经过遴选的案例,凭此不足以左右那个总体判断——则科学在今日是一处**藏身之处**,藏匿各种各样的失意、猜嫌、咬蚀、despectio sui[蔑视自己],坏良心,——它是无理想状态本身的**不安宁**,是因**匮乏**伟大的爱而受的苦难,是对一种**非自愿**知足的不满足。今日之科学所庋藏的东西何所不有啊! 有多少是它至少**应该**庋藏的东西! 我们最好的学者们的干练,他们那昏昧无识的勤奋,他们那日夜冒烟的脑袋,甚至他们那手艺上的圆熟——多么常见的是,这一切的真正意义在于,自己让自己看不见某种东西! 科学作为自我麻醉的手段:**你们认得它么**? ……有时,人会用一个无害的词就把他的学者朋友们——

① “关于”原文为 über,德语介词,亦有“超出”之意。——译注

每个与学者们有过交往的人都有此经验——伤得入骨，会在以为是在推崇他们的时候却激怒他们反对自己，会把他们搞得方寸大乱，法度全失，原因则仅仅在于，人们太粗心，竟没想到跟自己打交
398 道的究竟是谁：是罹**受苦难者**，他们不愿意对自己承认自己是什么东西，是被麻醉者和昏昧无识者，他们只恐惧一样东西：**有所意识**①……

24②

——现在，人们应该反过来，去看看我所说的那些稀有的案例了，今日哲学家和学者们当中的最后的唯心主义者：其中也许有人们在寻找的苦修理想的**对手**，跟它**相反的理想主义者**③？事实上，这些"非信徒"④（他们可都是非信徒）**相信**自己就是这样的；他们最后一份信念似乎就是做苦修理想的对手，他们在这一点上是如此的严肃，正是在这里，他们的言辞和姿态变得如此有激情：——他们所相信者还有需要是**真实的**么？……我们"认识者"已渐渐变得对一切种类的信徒都不信任；我们的不信任已慢慢把我们训练得习惯做出跟人们所倾向的相反推断：也就是说，凡是某种信念在

---

① "有所意识"原文为 zum Bewusstsein zu kommen，亦可解为"苏醒过来"。——译注

② 参看科利版第 11 卷，25[304，340]；26[225]。——编注

③ "相反的理想主义者"原文为 Gegen-Idealisten，其中"理想主义者"与"唯心主义者"是一个词（Idealist）。——译注

④ "非信徒"（Ungläubiger）专指无神论者或不信上帝者；而其反义词，即下文的"信徒"又与"债权人"为同一词。——译注

其前台表现得十分坚强之处，就去推断可论证性的某种特定弱点，
推断所相信的那个东西本身之**未必如此**。我们也不否认信仰“有
福”[①]：**正是因为这一点**，我们才否认，信仰有所**证明**，——一个坚
强的、有福的信仰，是对它所信仰者的一种猜疑，它论证的不是“真
理”，论证的是某种特定的或然性——**欺骗**的或然性。那么在这种
情形之下会怎么样呢？——这些今日的否定者和孤僻之士，他们
只在唯一一点是绝对的，那就是要求知性的清白，这些强硬、严格、
节制的英雄般的精神们，他们造就了我们时代的荣耀，所有这些苍
白的无神论者、反基督者、非道德主义者、虚无主义者，这些怀疑论
者、阙疑论者、精神上的**燥热虚耗者**[②]（最后这一点他们无一例外，
且尤其严重，无论在哪种意义上），这些认识上的最后的理想主义
者，今日的知性良心唯独在他们中间常驻并且有血有肉，——他们 399
自信事实上已尽可能挣脱了苦修理想，这些“自由的、**非常**自由的
精神们”：然而，且让我向他们透露一些他们自己尚不能见到的东
西——因为他们离自己太近了——此理想恰恰也是**他们的**理想，
他们自己在今天表现着苦修理想，此外也许没有人这样做，他们自
己就是它最精神化的畸生物，是它推进到最前沿的战斗和侦察分
队，是它最棘手、最精妙、最不可捉摸的引诱形式：——如果我在哪
里猜对了谜语的话，那么我想用**这个**命题来给出谜底！……他们
早就不是自由的精神了：**因为他们还信仰真理**……基督教的十字

① 《新约·罗马书》第1章第16行，“这福音本是上帝的大能，要救一切相信的，[……]”。“要救一切相信的”据路德译本即“使一切相信者有福”。——译注

② “燥热虚耗者”原文为Hektiker，对应的形容词hektisch较常见，本指肺痨病人，后引申为匆遽急躁貌。——译注

军们在东方曾经碰到那个不可战胜的阿萨辛骑士团[①]，那个出类拔萃的自由精神骑士团，团中最低级别者生活在一种任何僧侣骑士团都不曾企及的顺从之中，当时，他们通过不知哪种途径也得到了某个暗示，与这暗示相关的那种印记和符文[②]，作为秘义，只留给最高级别者的："没有东西是真实的，一切皆允许"……来吧，此乃精神之自由，由此信仰将真理本身宣布作废……可曾有一个欧洲的、一个基督教的自由精神迷失在这个命题[③]和它那些迷宫般的推论中么？他凭经验认得这个洞穴中的米诺陶么？……对此我抱有怀疑，且不止怀疑，我所知者与此不同：对这些绝对于唯一一点者[④]，对这些所谓的"自由的精神"来说，最陌生者恰恰莫过于那样一种意义上的自由和不羁，他们所受束缚之坚固恰恰莫过于这个方面，恰恰是在对真理的信仰上，他们之坚定和绝对是其他任何人都无法相比的。我认识所有这些人，也许认识得太过切近：那种

① "阿萨辛骑士团"原文为 Assassinen-Orden，即"阿萨辛派"(Assassinen)，是活跃于11—13世纪的伊斯兰秘密教派，以其暗杀行动闻名。克拉克-斯文森注言其名本义为"服用大麻者"；据考夫曼注引大不列颠百科全书11版，其派于草创时即"知道肯定性宗教和道德的无价值；其人不信仰任何东西"。——译注

② "符文"原文为 Kerbholz-Wort，字面义为"符契上的文字"。符契(Kerbholz)为中古记债用的剖符，此词相当罕用。据克拉克-斯文森引尼采笔记："'乐园就在剑影之下'——这又是一个印记与符文，从中可猜识出高尚的、战士出身的灵魂。"(科利版第12卷，2[19])认为于此又可见出"道德现象与经济现象之渊源"。按，伊斯兰经典《布哈里圣训》(Sahih Bukhari，4:52:73)云："真主的使者说：'你们要知道！乐园就在剑影之下。'"参见《布哈里圣训实录全集》第二卷第56章第22节，祁学义等译，宗教文化出版社，2008年。按，此句今已成为圣战思想的一个来源。——译注

③ "这个命题"即上文"给出谜底"的命题。上文"给出谜底"之后到"宣布作废"之间是插入的旁议，至此又接上上文。考夫曼亦同此句读。——译注

④ "绝对于唯一一点者"(Umbedingten in Einem)即上文所言"只在唯一一点上绝对的"唯心主义哲学家。——译注

值得尊崇的哲学家式的节制，它是这样一种信仰的义务，那种知性的斯多噶主义，它到最后亦禁止说“不”，正如它严格地禁止说“是”，那种在事实之物、在 factum *brutum*[**纯然**事实]面前滞留不动的意愿，那种“小事实”的宿命论（按我的称呼，是小气的唯事实 400 论[①]），在这方面，法兰西科学目前正在寻求一种超过德意志科学的道德优势，那种对阐释的根本放弃（放弃强奸文意、调整、简缩、删除、填充、作实、伪造和其他一切属于一切阐释之**本质**[②]的做法）——这些，大致说来，跟无论哪种对感性的否认（它从根本上只是这种否认的一种模式）一样，很好地表达了美德苦修主义。而**强迫**这样做的那个东西，那个求真理的绝对意志，乃是**对苦修理想的信仰本身**，虽然亦是此理想无意识的律令，对此人们不该欺骗自己，——它是对一种**形而上学**价值、一种**真理之自在**的价值的信仰，在那种理想中所唯一担保和画押认定过的那种价值（它与那种理想一荣俱荣、一损俱损）。严格地判断起来，根本没有什么“无前提”的科学，一种这样的想法是不可设想的，是个逻辑错误：必定首先有一种哲学、一个“信仰”在那里，科学因而从中获得某个方向、某种意义、某条界限、某项方法、某个此在之**权利**。（谁若反过来理解，比如拟将哲学置于“严格科学的基础之上”，将必须首先不只是把哲学，而且还要把真理本身**倒置**：就这两个如此可敬的娘儿们来说，这可是所能出现的最伤体统的事了！）是的，这一点不用怀疑——在这里，让我引用一下我的《快乐的科学》吧，参见该书第五

① “小事实”（petits faits）与“小气的唯事实论”（ce petit faitalisme）原文皆法语，以“唯事实论”（faitalisme，盖为尼采生造）谐形于“宿命论”（fatalisme）。——译注

② “本质”原文为 Wesen，亦有“活动，事业”之义。——译注

章第 263 页[①]——“真诚者[②]，在那种果决的、最后的意义上，按照对科学的信仰向他要求的那样，**由此肯定另一个世界**，有别于生命世界、自然世界和历史世界的世界；而只要他肯定了这“另一个世界”，怎么？难道他不是必须就是由此而把它的对立面，这个世界，**我们的**世界——否认掉了么？……总是有一个**形而上学信仰**，让
401 我们对科学的信仰休憩于其上，——即便是我们今日这些认识者，我们这些不信神者和反形而上学者，即便是我们，也是从一个数千岁的信仰所点燃的那场大火中取得**我们的**火，那个基督教信仰，也就是那个柏拉图的信仰，相信神是真理，真理是**神性的**……可是怎么办，当恰恰是这一点变得越来越不可信，再没有什么证明自己是神性的，除了谬误、盲目、谎言，——当上帝本身证明是我们**最长久的谎言**呢？”——在这个地方有必要停一下，作长久的思索。今后科学本身将**需要**一个辩护（这可还决不是说，存在着某种这样为它的辩护）。在这个问题上，人们该审视一下最古老和最新近的哲学：所有这些哲学中都缺乏对这一点的意识，即在何种意义上，求真理的意志本身首先需要一个辩护，一切哲学在这里都有一个漏洞——何以至此？因为，苦修理想是一切哲学迄今的**主人**，[③]因为真理被设定为存在、上帝、最高级机关本身，因为真理根本不**可以**

① 参见……]《快乐的科学》第 344 节 。——编注

② “真诚者”原文为 der Wahrhaftige，此为求译文统一；更符合此处语境的译法当为“求真者、修真者”。——译注

③ 此双关用法前已经出现过，“主人”（Herr）在此亦可表示“丈夫”，对应于上文称呼哲学、科学为两位“娘们儿”。——译注

有问题。人们理解这个“可以”[1]么？——从这一刻起，从对苦修理想之上帝的信仰被否认的这一刻起，也就有了一个新问题：真理之价值问题。——求真理的意志需要一个批判——我们在此确定了我们特有的使命——，真理的价值将尝试性地接受一次质疑……（谁觉得以上过于简略，建议他去查阅《快乐的科学》中题为“在何种意义上我们还是虔诚的”的那个段落，第 260 页以下[2]，最好是看该书第五章全章，以及《曙光》的前言。）

25 402

不！在我寻找苦修理想的天生对手的时候，在我问“表达出跟它相反的理想的那个相反的意志在何处”的时候，不要再跟我提科学。科学对此的看法早就不是立足于它自身了，从任何方面考虑它都首先需要一个价值理想，一个创作价值的权力，有它们的服事[3]它才可以信仰自己，——它本身从来不在创作价值。它跟苦修理想的关系，就其本身而言，绝对不是对抗性的；它甚至毋宁说主要还是体现了这个理想从内部外化的突进力量。它们间的矛盾和斗争，细究起来，根本未曾涉及这个理想本身，而只是涉及它的外围工事、伪装、假面表演，涉及它暂时的硬化、木质化和教条

---

① “可以”原文为 dürfte，或译为“允许”；在古日耳曼语中原义为“需要”“必需”，16 世纪乃有“允许”之意；与上文所言“科学本身需要一个辩护”中的“需要”（bedarf）同根；其形容词形式“dürftig”则有“贫乏、不足”之义，亦暗涉下节所言“生命的贫困化”。——译注

② 题为……]《快乐的科学》第 344 节。——编注

③ “服事”原文为 Dienst，通义为“服务”，有时又指“事神”，尤指弥撒。——译注

化——科学否认了这个理想为教外众人所知的那些东西，从而把它内部的生命再度解放出来。这两者，科学和苦修理想，立足于同一块地盘——这一点我已经说清楚了——：也就是说，立足于同样的对真理的高估（更正确地说：立足于同样的对真理之**不可**评价性和**不可**批判性的信念），正是因此，他们**必然**是同盟，——以至于，假定有人对他们作战的话，从来也只可能对这两者一起作战，一起提问。对苦修理想的一种价值评估不可避免也随之带来对科学的价值评估：对这个可要随时睁大眼睛，竖直耳朵！（**艺术**，先说一下它，因为我要很久才会在不知什么时候回到这一点上来，——那个在其中**谎言**使自己神圣化、**求欺骗的意志**把好良心排挤掉的艺术，比起科学，更加根本地对立于苦修理想：柏拉图即本能地感到了这一点，这位欧洲迄今所涌现过的最伟大的艺术之敌。柏拉图**反对**
403 荷马：完全的、真切的对抗——那个是无论如何要“居于彼岸者”，生命的大诽谤者，这个则是生命的无心的神化者，有着**黄金的**天性。因此，艺术家在服事苦修理想的顺从效命，是艺术家所可能有的最实实在在的**腐蚀**，可惜，亦是最习以为常的腐蚀之一：因为没有比一位艺术家更容易受腐蚀的了。）从生理学上来考察，科学亦与苦修理想栖息于同一块地盘：在前者与在后者一样，某种特定的**生命的贫困化**俱为前提，——情绪变得凉薄，节奏变得滞慢，辩证法取代了本能，**严肃**印在脸色和姿态上（严肃，这个最确切无误的记号，表明更艰难的新陈代谢，扭结着的、劳动得更艰辛的生命）。人们应该观察一下某一族民众在学者登上前台的那些时期：那是疲惫的时期，经常是黄昏期，是衰落期，——洋溢的力量、对生命之确知、对**未来**之确知皆已不在。官人占优势从来不表示什么好事情：跟以下等等的兴起一样：民主，取代战争的和平仲裁法庭，妇女权利平等，同情之宗教，以及沉沦着的生命的其他所有症状。（把科学当作问题来看待；科学意味着什么？——关于这些参见《悲剧的诞生》前言[1]。）——不！这个“现代科学”——可要对它睁大你们的眼睛啊！——是苦修理想眼下**最好的**同盟者，这恰恰是因为，它是最无意识、最无意为之、最秘密和最隐蔽于地下的同盟者！直到现在，它们，“精神的穷乏者”[2]和苦修理想的科学对头们，都在演同一出戏（顺便说一下，人们要防止认为后者是跟前者的对立面，比如是精神的**富裕者**：——他们**不**是，我称他们为精神的燥热虚耗者）。后者的那些著名**胜利**：无疑，那些确是胜利——不过是对什么的胜利呢？其间苦修理想根本就没有被战胜，而倒是由此 404
被弄得更强健，也就是更不可捉摸、更精神化、更棘手，所以，从科学那方面被毫不留情地拆解和打破的，总是一堵墙，一道沿着这同一个理想建起来、使它的外观**粗糙化**的外围工事。人们真的以为，比如神学天文学的落败就意味着那个理想的落败么？……也许人类是因此变得**更不需要**为他的此在之谜作出彼岸性的解答，从而这个此在今后在事物的**可见**顺序中会显得更加随意不定，更加偏缩一隅，更加可有可无？自哥白尼以来，难道不正是人类的自身渺小化、他意求自身渺小化的**意志**处在一个无法停止的进步之中么？啊哈，人类对他在造物的等级序列中的尊严、独一无二、不可替代的信念，已经完了，——他变成了**动物**，动物，决非比喻，不折不扣，

① 指1886年新版的序言。——译注

② 据克拉克-斯文森，此暗引《新约·马太福音》第5章第3行：“心灵贫穷的人有福了！因为天国是他们的。”——译注

他，这个在早先的信仰中几近于神者（“神子”，“神人”[①]）……自哥白尼起，人类犹如落到一道斜坡上，——他从现在起越来越快地从中心点滚出去——滚到那里去？到虚无中去么？到“对他的虚无的**洞穿**感”中去么？去吧！这或许正是条直道呢——通到**旧**理想中去？……**全部**科学（绝不只是天文学，康德对天文学的玷辱和贬抑效应有过一个值得注意的承认，“它消灭了我的重要性”[②]……），全部科学，自然的和**不自然的**——我这样来称呼认识之自身批判——都一样，今日皆热衷于把人们劝离他迄今为止对自己的尊重，仿佛这尊重无非只是一种怪僻的妄自尊大；人们甚至可以说，科学特有的自负，它那斯多噶式不动心[③]特有的生涩形式就在于，它把这种辛辛苦苦得到的人类的**自身蔑视**，在自己这里当作他对
405 于尊重的最后、最严肃的权利主张维持下来（事实上是有道理的：因为蔑视者总是那同一个“未曾荒疏于重视”者……）这就是在跟苦修理想**对着干**吗？人们真的还无比严肃地以为（正如神学们一段时间以来所想象的那样），比如康德对神学上的概念教条论（“上帝”、“灵魂”、“自由”、“不朽”）的**胜利**已经打破了那个理想？——在这一点上，康德本人的目的是否究竟也只是某种诸如此类的东西，眼下跟我们应该没有什么关系。无疑地，自康德以来所有种类

① “神人”(Gottmensch)与“神子”一样，皆指既为神又为人的耶稣。——译注

② 见康德《实践理性批判》结论部分，著名的“我头上的星空和我心中的道德律”一段，原文作：“……某个无法计数的诸世界集合的景象，消灭了作为一个动物性造物的我的重要性[……]”。——译注

③ “不动心”原文为 Ataraxie，即“阙疑”后的结果。参看《悬搁判断与心灵宁静：希腊怀疑论原典》，包利民等译，中国社会科学出版社，2004 年，“中译者导言”第 2 页。——译注

的先验论者都一再地如愿以偿，——他们从神学家那里解放出来了：何等幸福！——他向他们透露了那条秘道，今后他们可以凭自己的力量、以最好的科学规矩追随“他们心灵的愿望”了。同时：今后谁可以怪罪那些不可知论者，如果他们，作为自在的未知之物和奥秘之物的崇拜者，现在把**问号本身**当作上帝来礼拜呢？（夏维尔·杜丹①有一次说到“**钦慕**无智而非干脆地止步于未知者的习惯”造成的那些 ravages[造劫]；他以为古人并不如此。）假定人类所“认识”的一切事物皆不能满足他的愿望，而倒是与之相抵牾，把这些愿望吓得战栗，那么，若允许不将这些归罪于“愿望”，而是归罪于“认识”，是多么神圣的遁辞呵！……“没有认识：**结论是**——有一个上帝”：何等新颖的 elegantia syllogismi[精妙三段论]！苦修理想的怎样一种**凯旋**！——

26

——或者，也许整个现代历史书写全都表现出一种更加肯定生命、更加肯定理想的态度？它最高尚的要求——成为**镜子**——现已不复存在；它拒绝一切目的论；它不再想“证明”什么东西；它 406
鄙弃扮演法官，这一点上，它的趣味是好的，——它所肯定和所否

① 夏维尔·杜丹（Xaver Doudan）：即“希门内斯·杜丹（Ximénès Doudan）”，19世纪法国批评家，此处所引原文为法语：“l'habitude d'admirer l'inintelligible au lieu de rester tout simplement dans l'inconnu”，据克拉克-斯文森，此当引自他的《杜丹书札文稿杂集》，巴黎，1879年，卷3，第23—24页。并参看科利版第11卷，26[441]。——译注

定的一样少，它确立，它“描写”……这在一个相当高的程度上是苦修主义的；不过同时在一个更高的程度上是虚无主义的，对此人们不该欺骗自己！人们看到的是一道悲伤、强硬但是决断的目光，——一只朝外张望的眼，就像一个与世隔绝的北极旅行者那样朝外张望（也许为的是不要朝内张望？不要回头张望？……）这里是冰雪，这里生命是喑哑的；这里最后的鸦群在大噪，喊道“干什么？”，“没用的！”，“何必呢[①]！”——这里不再有什么东西在蔓延生长，最多是彼得堡的“元政治”和托尔斯泰式的“同情”[②]。不过，至于那另外一种历史学家，一个也许还要“更现代”的种类，一个享受的、寻欢作乐的、对生命跟对苦修理想同样眷恋的种类，他们像使用手套一样使用“艺术家”[③]这个词，在今天完全是在为自己租用对静观的赞扬：哦，这些甜滋滋的灵气十足的家伙[④]激发起了怎样一种对苦修者和冬日风景的渴望呵！不！让这个“闲看”[⑤]的民众见鬼去吧！我多么宁愿跟那些历史学虚无主义者们一起漫步穿过最阴暗的灰冷雾气！——当然，这应该不是取决于我，假定我必须选择甚至去倾听一位彻底的非历史学者、反历史学者的话（如那位杜林，今日德意志有一群迄今尚且羞怯、尚且不肯坦白的有着“美

① “何必呢”原文为 Nada，据前后语境疑为俄语“не надо”[不需要，用不着]的讹写。——译注

② 元……]付印稿：元政治与陀思妥耶夫斯基。——编注

③ “艺术家”原文为 Artist，参看《善恶的彼岸》第 28 节“艺人”注；亦可译作“艺人”，源自中古拉丁语“artista”，本指广义的手艺人，后在其他欧洲语系中多表“艺术家”，在德语中则特指从事马戏杂技的杂耍艺人。——译注

④ 甜……]付印稿：发甜的胆小鬼们。——编注

⑤ “闲看”原文为 beschaulich，同时有“静观”（相当于 kontemplativ）和“安逸”的意思。——译注

丽灵魂”的物种,有教养的无产阶级内部的那个无政府主义物种,还沉醉在此人的腔调中[①])。那些“闲看者”则要坏上百倍——:我还不知道有什么东西比这样一张“客观”的躺椅更让人恶心的,这样一个面对历史学的香喷喷的享乐者,一半是神甫,一半是萨蒂尔,香水勒南[②],他已把假声拔到高音,向他面对的掌声暗示,在他这里发生了什么,是在他的**哪个地方**[③]发生的,命运女神这次是在**哪个地方**,嘿,以游刃有余的外科手法操弄她们那残忍的剪刀!对我来说,这既有悖于趣味,亦有悖于耐心:谁若看到这样的场面而 407
没有失去什么,那就保持他的耐心吧,——它是把我给激怒了,这样一个场面,“观众”之令我忿然于“表演”,更甚于此表演(历史本身,人们懂得我的),突然间,阿那克里翁的心绪于此际涌上头。这个自然,这给公牛以角、给狮子以Χάσμ' ὀδόντων[森森利齿]的自然,给我脚来干什么呢?[④] ……用来踢踏么?神圣的阿那克里翁!并且不仅仅是为了逃走:为了要把那张朽烂的躺椅,那种卑怯的闲看,那副在历史面前淫荡的阉人模样,那种对苦修理想的小眷恋,那种性无能的伪善,统统踩个稀烂!我会无比敬畏苦修理想,**只要它是诚实的**!只要它自己相信自己,不要在我们面前插科打

① 彻底……]付印稿第一稿:贫乏的鬼叫煽动家(如那位[贫困共产主义者]杜林,他把口水涂到整个历史上面,想说服我们相信,这样他就是这全部历史的“历史学家”[不折不扣就是这全部历史]和“末日审判者”了[他的口水同时也意味着正义])。——编注

② 欧内斯特·勒南系当时与丹纳齐名的史家,其《耶稣生平》以人文视角看基督教史,从一种广义上的精神修养的角度来解释基督教教义,耸动一时。——译注

③ “哪个地方”与“香水”、“假声”、“剪刀”等呼应,暗示阉割。——译注

④ 据考夫曼与戴瑟尔,此系引用公元前6世纪古希腊诗人阿那克里翁的诗句,现代学者以为系托名之作。——译注

诨！却不喜欢所有这些搔首弄姿的臭虫们，它们的野心不知餍足地嗅着无限之物，直到最后连无限之物闻起来都跟臭虫一样；我不喜欢这些表演生命的过分粉饰的挖掘者；我不喜欢这些把自己裹进智慧里、“客观”地张望的疲乏者和被用坏者；我不喜欢这些给自己的草包脑袋戴上一顶理念的隐身帽、踵事增华成英雄的宣传家；我不喜欢这些想要显得是苦修者和教士而骨子里只是一个悲剧性丑角的野心勃勃的艺术家；我还不喜欢这些理想主义中最新的买空卖空者[①]，那些反闪族主义者们，他们在今天以基督教一雅利安一老好人的方式歪曲了自己的眼睛，他们把价廉物美的宣传手段、道德态度滥用得耗尽了一切耐心，以求挑拨起这个民众中所有的蠢牛成分（——在今日之德意志，**一切**种类的蒙人精神把戏（Schwindel-Geisterei）并非全无成果，与此相关的是日益无法否认并且已经显而易见的德意志精神的**荒芜**，其原因，我归于一种由报纸、政治、啤酒和瓦格纳音乐所组成的过于封闭的营养，此外还要
408 算上备好这份食谱所需要的那些东西：一度是民族国家的挟制和虚张声势，那个强横却狭隘的“德意志，德意志超越一切”[②]的原则，然后还有“现代理念”的震颤性麻痹[③]）。今日，欧洲尤其富有且善于发明刺激手段，似乎没有什么比兴奋剂和烈酒更为人们迫切需要：由此也有了理想（这些最烈的精神之酒）中的那种阴森叵

① “买空卖空者”原文为 Spekulanten，亦可指“思辨者、空想者”。——译注

② 据萨缪尔，引文是由海顿作曲、法勒斯雷本填词的《德意志之歌》（Deutschlandlied）的开场句，此歌成为 1848 年革命的一个象征，1922 年后成为德国国歌。——译注

③ 东西……］付印稿第二稿：东西，现代理念那自命为“进步”的震颤性麻痹，德意志今后与欧洲一道堕入的民主化过程：一种无可救药的病！——编注

测的虚假把戏，由此也有了令人反感、散发恶臭、充斥谎言的假酒精般的空气，到处都是[①]。我真想知道，要从今日的欧洲运出多少船仿造的理想主义，英雄服饰和皇皇大词，运出多少桶含糖含酒精的同情心（“苦难宗教”[②]公司出品），多少用来辅助精神扁足们的高跷腿儿的“高贵的愤激”，多少基督教理想和道德理想的倡优[③]，这里的空气才会闻起来清洁一些……鉴于这种生产过剩，显然还可能做一桩新的买卖，跟小气的理想偶像及附属的“理想主义者”，显然可以有一笔新的“生意”——人们可别忘了这一茬！谁有足够的勇气这样做呢？——把整个地球“理想主义化”，这就掌握在我们手中！……不过我说什么勇气呀：这里只有一点是必需的，就是手，一只无拘无束、非常无拘无束的手……

---

① 我还不喜欢……］准备稿第一稿：我不喜欢那些［虔诚地善辩的唯心主义者］“理想主义”中的买空卖空者，他们在今日用基督徒加德意志加反闪族主义的方式扭曲了他们的眼睛，并且［相当聪明地］想要通过一种轻蔑道德态度的借口，把他们那些［坏本能］［小］蠕虫和 internat［居间状态］，嫉妒，［粗暴，受伤的虚荣］虚荣之痉挛和无可救药的庸常（Mediokrität）罩起来（——在今日之德意志，一切种类的蒙人精神把戏并非全无成果，与此相联系的是日益无法否认并且已经显而易见的德意志精神的［愚化和］荒芜，其原因，我［喜欢］归于一种由报纸、政治、啤酒和瓦格纳音乐所组成的过于封闭的营养，此外还要算上这份食谱的前提：现在德国与欧洲的所有国家一道患上而又比它们都更加严重的整个民族爱国主义的［神经症］歇斯底里。这个温厚、精力充沛、沉思默想和富有激情的种族 * ——他们到哪里去了！德意志人到哪里去了！……）唯心主义蒙骗不仅败坏了德意志的、还败坏了整个欧洲的空气，——欧洲于今日以一种令人难受的方式可怕地进于恶臭的 — — — 。——编注［译按：“这个……种族”原文为法语，cette race douce énergique meditative et passionnée，语出希门内斯·杜丹论德意志民族语，参看科利版第 11 卷，26［436］。］

② “苦难宗教”原文为法语，la religion de la souffrance，盖戏仿葡萄酒厂商。——译注

③ “倡优”原文为 Komödianten，字面义为“喜剧演员”，通译为“戏子、骗子”。——译注

27

——够了！够了！让我们放过最现代的精神的这些稀奇古怪和错综复杂之处吧，它们之可笑正同于可憎：恰恰**我们的**问题，即苦修理想的**意味**问题，是不用着它们的，——这同一个问题跟昨天和今天有什么关系呢！那些事情[①]应该由我在另外一种关联中更彻底和更强硬地来阐述（其标题为“论欧洲虚无主义的历史”；这里
409 我指的是一部我在准备的作品[②]：**权力意志，重估一切价值的尝试**）。把我忽然引到那些事情上来的，是下面这一点：即使是在最精神性的领域中，苦修理想真正的敌人和**伤害者**也总是只有一类：就是表演这个理想的倡优，——因为他们唤起了猜疑。此外一切地方，只要精神今日在严格、强大和不弄虚作假地工作，则它于此时是根本缺乏理想的——对这种禁欲状态最流行的表达是“无神论”——：**有的只是它求真理的意志**。而这个意志，这个理想之**剩余**，如果人们愿意相信我的话，就是表述得最严格和最精神性的、彻底秘传的、撤除了一切外围工事的苦修理想本身，因此与其说是它的剩余，不如说是它的**核心**。按这个标准，绝对的正直的无神论（——我们只呼吸着**它的**空气，我们，这个年代里更加精神性的人们！）并**非**如其所外表所示的那样，跟那个理想有那么大的对立；而毋宁说只是它最后的发展阶段之一，它的结束形式和内在的连贯

① “那些事情”指的是“最现代的精神”的古怪复杂之处。——译注

② 一部……]付印稿：我正处于准备中的代表作。——编注

后果之一，——无神论是为了真理的一段长达两千年的培养导致的**大灾难**，这段培养的命令是敬畏，最终要禁止的是**在对上帝的信仰上撒谎**。（在印度有同样的发展，完全独立，从而也证明了一些东西；同样的理想强制人们得出同样的结论；那个决定性的节点比欧洲的日程早了五百年，通过佛教，更确切地说：通过那个经过佛教而普及并被做成宗教的数论哲学。）最严格地说来，**战胜**基督教**上帝**的是**什么**呢？答案在我的《快乐的科学》第 290 页[①]：“基督教道德本身，那个被越来越严格地对待的真诚概念，基督教良心那告解神父式的精细，过渡和升华成为科学良心，成为不惜一切代价的知性的清洁。观察自然，仿佛它是某个上帝的好意与照拂的证明； 410

为了尊崇一个神性的理性，把历史阐释为连续的证据，证明的是某种合乎德教的世界秩序和合乎德教的终极意图；在解说自己特有的体验时，就像虔诚之人谈得老久的那样，仿佛一切皆是命定，一切皆是提示，一切皆是被构想和赠予给灵魂的救治：这些，从现在起，是**过去**的了，是为良心所**反对**的，对所有更精细的良心来说，这些都是不正派、不诚实的，是谎话连篇，是女性主义，是虚弱，是怯懦，——有了这样一种严格（如果还有些什么的话），我们就是**好欧洲人**，是欧洲最长久、最勇敢的自身克服的继承者”……一切伟大事物皆通过自身而走向毁灭，通过一个自身扬弃的行动：这乃是生命的法则，生命本质中**必然**的“自身克服”的法则，——最后总有召唤向立法者本身颁布：“patere legem, quam ipse tulisti[服从你自己拟定的法律]”**作为教条**的基督教义曾经以此方式毁灭，毁于他

① 290 页]《快乐的科学》第 357 节。——编注

自身特有的道德；作为道德的基督教现在必定也以此方式毁灭，——我们正站在这个事件的门槛上。在基督教的真诚一步接一步地作出推论之后，它最终将推出自己最强的结论，自己反对自己的结论；这竟然发生了，当它提出这个问题的时候，“所有求真理的意志意味着什么呢？”……在这里，我又一次触及我的问题，触及我们的问题，我的未知的朋友们（——因为，我还不知道有什么朋友）：我们整个存在的意义，倘若不是这个，还会是什么呢：在我们这里，那个求真理的意志自己作为问题而对自己有了意识？……道德从现在起就毁灭①在求真理的意志的这番意识到自身的转变过程之上，这一点毋庸置疑：那场一百幕大剧的演出呵，它将专门
411 留给此后两个世纪的欧洲上演，所有演出中最可怕、最可疑、也许也最可希望的一场……

28

如果忽略苦修理想：那么，人，动物人，迄今没有任何意义。他在大地上的此在毫无目标；“人类到底是为了什么？”——是一个没有答案的问题；对于人类和地球来说意志是缺失的；每一场伟大的人类命运过后，总还有一阵更宏大的如副歌般响起的“徒劳！”这正是苦修理想之意味：某种东西缺失了，人类周围撕开了一道阴森叵测的裂缝，——他自己对自己不知道如何去辩护、解释、肯定，他罹

① 此段中的“毁灭”原文为“zu Grunde gehen”，此处尼采加以强调标记的是“zu Grunde”，既指毁灭，字面上又有“落地、到达基础”的意思。——译注

受着他的意义问题。他一贯在罹受，他主要是一种病态的动物：但
是，他的问题并不是罹受苦难本身，而在于缺乏答案，以回答“苦难
是为了什么”这个问题的嘶喊。人，最勇敢和最惯于苦难的动物，
在自己这里并不否认苦难：他想要它，他甚至探求它，前提是，人们
向他指明了，这里有一个意义，苦难是为了这个。苦难的无意义，
而非苦难，是播撒在全人类之上的诅咒，——而苦修理想给了他们
一个意义！它是迄今唯一的意义；不管什么意义总比完全没有意
义好；无论在哪个方面，苦修理想都是迄今为止“不得已而求其次”
的最优者。苦难于其中得到解说[1]；那个阴森叵测的空洞似乎填
满了；朝向一切自杀性的虚无主义的门关上了。这个解说——毋
庸置疑——导致新的苦难，更深重、更内在、毒害更大、侵蚀生命更
甚：它把一切苦难置于亏欠的视野之下……不过，尽管如此——人
类由此得到救赎，他有了一个意义，从今往后他不再像一片风中的
叶子，一个胡闹[2]的、“无意义”的玩球，他今后能够意愿某物 412
了，——接下来怎样都无所谓，不管他意愿到哪里去，为了什么意
愿，以什么来意愿：意志本身得到救赎了。人们绝对不能再向自己
隐瞒了，这整个意愿、从苦修理想那里获得其方向的意愿表达的到
底是什么：这样一种对与人性相关者，甚至是与动物相关者，甚至
是与质料相关者的憎恨，这样一种面对诸感官乃至面对理性的厌
恶，这样一种面对幸福和美的恐惧，这样一种越出一切显像、变换、
生成、死亡，越出愿望和向往本身的向往——这一切意味着，我们

---

① “解说”原文 ausgelegt，通义为“注解、注释”，同时也有“布置、陈放”的意思；参见《善恶的彼岸》第 14 节。——译注

② “胡闹”原文为 Unsinn，字面意思即为“无意义”。——译注

大胆将之把握为，一个求虚无的意志，一种对生命的不愿意，一种对生命那些最基本前提的抵制，不过它是而且始终是一个意志！……然后，且把在开始时说的在结束时再引如下：人类与其无所意愿，宁愿意愿虚无……

科利版编后记 415

一位感到自己还未曾充分实现的哲学家——他谈论过希腊人，作为心理学家、道德论者和历史学者都立了言，最后以《查拉图斯特拉如是说》达到了诗性创作的高峰，可他还想在理论领域也有成就——在努力，也许甚至怀有某种体系性的意图，要颁布关于此在之诸原理的法则。这位哲学家就是处在其创作最后阶段的尼采，从《善恶的彼岸》开始时就是这样的情形。更早些时候的，尤其是未曾公开发表的文字，就已经在片言只语之中表露出这样的雄心，特别是在认识论领域。在道德学说上对叔本华的批驳这时更加尖锐了，并且回溯到理论研究的领域，在这里一举了结了诸如知性对于意志和感觉的优先性等这样一些人们曾费力赢得的结论。不过，还是保留了其他若干反叔本华的论题，对“主体”概念所作的意义重大的批评，则在《善恶的彼岸》和《论道德的谱系》中继续推进。不过人们注意到，又有一处重新靠近了叔本华（尼采在《论道德的谱系》的前言中提到他的“伟大老师叔本华”并非无因，参见第251 页[①]），甚至靠近了形而上学，因为把一切实在还原到“权力意

① 参看《论道德的谱系》前言第五节。——译注

志”(个体化原则[①]就是受它节制)之表象,这种把一切属性追溯到一个唯一的、即便是一分为多的根源上的做法是一种形而上学的姿态,尽管尼采的意图是相反的。

416 一个“权力意志”体系的建立就开始在这个时期。既要从道德方面抨击形而上学哲学家们——在《论道德的谱系》第三篇,这些哲学家被指为对苦修理想盛行负有责任——,同时又要把这样一个起着统一作用的实体(Substenz)充分阐明,就算考虑到尼采特有的考察历史世界的具体方法,也一开始就不无困难。新的“权力意志”哲学原则与叔本华的“生命意志”原则的亲缘性是一望即知、无可辩驳的(尼采自己就这样说),前者确实表明是后者的一个变体。两种想法的核心是同一个,叔本华的原则与尼采的一样,都是内在式的:两者处理的都是一个存在于我们内部(一切神学皆被克服掉了)的、我们也通过一种当下的把握而参与其中的非理性实体。区别只是在于,叔本华想要拒绝和否定这个实体,而尼采相反要接受和肯定它。如是则尼采的原创性不在于原则本身,而在于对此原则的反应,在于他对此原则的立场,顺便说一下,这立场可以回溯到《悲剧的诞生》时代。尼采此时进入了他创作的最终阶段,这个阶段,以《善恶的彼岸》为开端,表现出一种引人注目的放松状态(人们注意到,激昂的成分少了,其强度直到最后几页才升高),同时,尼采重新拾起那个又一次在希腊式的悲剧神祇中获得象征性表达的主题。

---

① “个体化原则”原文为拉丁文 principiium individuationis,盖叔本华借自经验哲学的一个概念,用以说明作为自在之物的意志在时间与空间中的显现;参见叔本华:《作为意志和表象的世界》第 23 节。——译注

不过，狄奥尼索斯不再是美学的象征，却似乎从现在起处在一个伦理学和理论性的层面。把一项理论性的，甚或是形而上学的研究以与之相适应的概念贯彻阐述出来，这种做法尼采是抵制的，只是在他身后留下的1884年之后的笔记中才有所尝试。在《善恶的彼岸》、《论道德的谱系》中以及更晚些时候的对“权力意志”这个哲学概念的充分展开，依然是以尼采作为道德论者和心理学家的经验为支撑，并且，丝毫不令人意外地，利用了早先已然创作好的那些意象和概念。现在，在《善恶的彼岸》中，狄奥尼索斯成了那个 417
知道权力意志即世界本质的神（“狄奥尼索斯竟是一位哲学家，也就是说，诸神是做哲学的”，第238页[①]）。他接受这一点，愿意事情是这样。对问题的理论探究受到道德态度的补充，因此不可能始终孤立地进行。以这种方式，哲学研究也依然与情绪领域联结在一起。哲学的原则被哲学家“感受”到它的方式遮盖住了。

在《善恶的彼岸》和《论道德的谱系》中，苦难概念，跟与之相关的或由之推出的诸种表象，成了一块测试“权力意志”哲学的试金石。在此也是叔本华对解读起到决定作用：这位哲学家通过苦修者而把苦难引入生命，对尼采来说，苦修是一种青春经验（苦难是《悲剧的诞生》中狄奥尼索斯形象的一个本质成分），他从来未能摆脱这种经验。随着权力意志的形而上学的来到，苦难以及所有与之相关者成了中介，使得尼采的考察可以转向对历史变迁领域。事实上，谈论权力意志本身是很困难的，而从与苦难、与**超越苦难**的判断相关的视角出发，就可以来观察对于形而上学冲动的道德

① 参看《善恶的彼岸》第295节。——译注

反应了。

权力意志导致苦难，这是尼采称用狄奥尼索斯来命名的恐怖认识。每一种道德，每一种世界观，若想要排除苦难——这不仅适用于佛教和叔本华，而且适用于被尼采贴上颓废标志的一切物事，包括“现代理念”相关的民主运动，——也就由此拒绝了权力意志，也就是拒绝了生命本身。现代的弱者们的颓废就在于“从根本上恨死了苦难，[……]简直像女人一样不能在这时保持其为旁观者，**任凭**苦难之所至”（第 125 页[1]）。狄奥尼索斯的立场与此相反：“你们要[……]**消除苦难**；而我们？——看来恰恰是，我们宁可要
418 比以往任何时候都更高和更严重的苦难！”（第 161 页[2]）世界的实质不容遮盖，不容许被藏在道貌岸然之后；如果在生命的深渊中有某些恐怖之事，那么，“真理之激昂”命令我们把它公开。“[……]现代灵魂[……]的最真切标志[……]是道德主义诳语中那种深入骨髓的**无辜**。”（第 385 页[3]）比起面临深渊而否认生命，更恶劣的是在它面前闭上眼睛，想要设法相信在深处根本没有苦难实存，相信人们可以解脱于苦难。“[……]他们，这些冒名的‘自由精神’们，属于**水平测量员**[……]他们只不过是不自由和肤浅得可笑而已，尤其有个基本偏好，要在此前旧社会的诸种形式中看到差不多**一切**人间困苦和错舛的根源[……]——而苦难本身被他们当作某种必须**废除**的东西。”（第 61 页[4]）

---

① 参看《善恶的彼岸》第 202 节。——译注

② 参看《善恶的彼岸》第 225 节。——译注

③ 参看《论道德的谱系》第三篇第 19 节。——译注

④ 参看《善恶的彼岸》第 46 节。——译注

这个苦难主题，按照它尤其是在《论道德的谱系》中得到的发展，也照亮了主人道德和群盲道德之间的尖锐反题。在这里，尼采也被他对"真诚"的狂热——也就是说，被要把世界之苦难彻底揭示出来的冲动——推动着（当然，人们不该忽略某些特定的不协调之处和刺耳的音调，这时，给文明人类招致羞耻的那些伤口裸露出来，突然又变成一种失控的壮丽）。关于"金毛野兽"、即一切主人道德植根于其上的那种侵略性暴力活动的著名论题，是在表明：人类社会的根基是恐怖的罪行，且将永远如此。狄奥尼索斯命令，无所遮掩地道出这个真相并同时接受它，肯定它。这种现实眼光，跟修昔底德在关于米洛斯人和雅典使者之间的对话中所表明的眼光，是一样的。尼采与修昔底德一样不称道暴力。以无情的残忍灭绝了米洛斯人的，跟伯里克利在他的阵亡将士墓前演讲中称赞为希腊的教育者、美和智慧之友的，是相同的雅典人——也就是说，同一代雅典人。对于尼采来说，不愿意看到这一点就意味着，要么彻底地全面摒弃生命，要么是对生命的原则乱说八道。群盲道德在它那方面则是基于憎恨和报复，同时，它的拒绝苦难的文化 419
走上的是颓废和虚无主义的道路。这样一种主张可能是错的，如果人们只把它当作历史阐释来看待的话，而尼采理论的意义却在于它跟世界本质的"真诚"关系，在于那种狄奥尼索斯式的接受苦难的要求，苦难只可能跟生命**一起**被压制掉——如果我们把生命理解为希腊悲剧或者狄奥尼索斯哲学从中涌现的那种生命的话。

苦难主题就这样像一条红线一样贯穿这部著作；它也许不是一下子就引人注目，实际上，却与尼采在此所处理的诸般不同论题都有关联，并且点出了他的思想的新走向。这是对在《查拉斯图特

拉如是说》中那个震撼性认识（它被转化到“永恒轮回”的动机中）的一种环环相扣的反思。现代世界对苦难的评判被尼采利用，以从中推导出他对这个世界的评判，这评判虽然不是历史学式的、却抓住了基本要点。在这里，他剖析了苦难的不同面貌和对苦难的诸种反应——可以说，他穷尽了苦难的全部范围。沿着这条路线，他又回到在《查拉图斯特拉如是说》之前的作品中已经标示出来的那种分析的领域中去了，在这个研究中，他预先道出后世心理学的一些重要结论。《论道德的谱系》的第二篇和第三篇尤其如此，更确切地说，是关于积极健忘（“健忘并非[……]纯然是 vis inertiae [惯性]，毋宁是一种积极的和肯定（在这个词最严格的意义上）的阻碍机能，亏得这个阻碍机能，只要是被我们体验、经验和吸收了的东西，就[……]很少进入我们的意识”。第 291 页[①]）、本能的内在化（“所有没有释放到外部去的本能，都**转向内部**”，第 322 页[②]）等论题和诸如此类的主题。而构成这个思想发展的基础的苦难概念，后来的心理学那里应该是有了相反方式的解释，这一点尼采几乎预见到了，他说道：“[……]比如，如果疼痛应该被证明是一个谬
420 误——其天真的前提是，一旦在疼痛中那个谬误被认识到了，疼痛就**必定**会消退——那就看着吧！它会守着自己不消退的……”（第 379 页[③]）

当然，在从根源处领悟了权力意志的认识者那里，苦难乃达到极致。哲学本身，那些相互矛盾的意见，是一张为忍受苦难而戴上

① 参看《论道德的谱系》第二篇第 1 节。——译注
② 参看《论道德的谱系》第二篇第 16 节。——译注
③ 参看《论道德的谱系》第三篇第 17 节。——译注

的面具。认识，不再像在《查拉图斯特拉如是说》之前的作品中那样，具有自在的价值，事实上，在《道德的谱系》最后部分亮出了反对科学的论证和论题。“所有深刻者皆爱面具；最深刻的事物甚至憎恶图像和譬喻。莫非对立面才是某位神祇的羞处藉以出场的合适伪装？”（第 57 页[①]）这意味着：如果人们不是那么完全按字面来理解的话，有可能我所想者，恰恰是我所说者的对立面。而那个漫游者渴望的“恢复”是：“再给我一张面具！第二张面具！”（第 229 页[②]）“[……]能够承受何等深重的苦难，这差不多确定了人的等级顺序[……]。深重的苦难造就高尚[……]；有时呆傻本身是面具，用来盖住某个不祥的、过于确知的知识。”（第 225 页以下[③]）“隐修士不相信，一位哲学家[……]会在书里面表达了他真正和最后的想法：写书难道不恰恰是为了隐藏人们自己所怀藏的东西么？[……]每一种哲学还隐藏着一种哲学；每一个想法还是一种藏法，每一番言辞还是一张面具。”（第 234 页[④]）

到目前为止我们重点强调了《善恶的彼岸》和《道德的谱系》中引出尼采最后的创作期的那些主题。在风格方面，这两部中也能看出一种过渡，首先是格言体的减少，在《善恶的彼岸》中还偶一用之，到《道德的谱系》中则完全放弃了。风格成熟了，没有变形，没有亢奋，激昂被控制住了。这其中人们也看到了一种特定的疲惫，几乎是一种过分餍足。然后在《道德的谱系》中显示出一种发展，

① 参看《善恶的彼岸》第 40 节。——译注

② 参看《善恶的彼岸》第 278 节。——译注

③ 参看《善恶的彼岸》第 270 节。——译注

④ 参看《善恶的彼岸》第 289 节。——译注

试图要构建体系，偶尔还有几分教条化，几近于学究式的强调，或者竟有一种挑衅的，也是纷乱的悖谬。

421 另一方面，照尼采自己的说法，《善恶的彼岸》给出了在《查拉图斯特拉如是说》中以象征、抒情的方式或只是暗示性地处理的那些主题（所以，比如，我们在上文把苦难这个动机与永恒轮回相对照）。也可以回想一下，在《善恶的彼岸》的许多处草稿皆可回溯到早先的年份。也就是说，这里所考察的两部作品，都重新拾起在从《人性的，太人性的》到《快乐的科学》之间的那段时间所产生的那些中心主题，将之继续发展，特别是对道德概念的种类和起源的探究。这样看来，尤其可以把《善恶的彼岸》看作一个终点，一次结束——无论如何，就作者的内在经验来说是这样。

此后的作品，尼采再也没有将之从自己这里释放出去，再也不能将之看作他路途上的进阶，却是越来越无法逃脱地被它们所席卷。这种情形的一个标志也许可以从下面这一观察中得来：在他发疯的那一年，唯一一个表明尼采在试图试写下什么东西的证据是，他用失控的手在一个小本子上写下的《自高山之上》的第一行诗句，就是这首诗结束了《善恶的彼岸》。对他过去生命的纷乱回忆就结束在这里：接下来，是他的实际生存中那进展缓慢、最后才病入膏肓的伤痛，直至完全熄灭。

乔尔乔・科利

科利版编者说明

《论道德的谱系》手写传本疏漏甚多。可以说,——除了少数几页、一些笔记片段和亲手打出的付印稿之外——这篇“驳论”的总体准备工作已经失考。尼采于1887年7月10日到30日之前撰就此文。8月初到10月,跟《善恶的彼岸》一样,亦由他自费出版。清样(佚)由尼采和彼得·加斯特校读。从9月21日起尼采就在彼得·加斯特所驻留的威尼斯;后者记载,尚待校读的五又二分之一个印张到10月19日完成。1887年11月12日尼采从莱比锡收到第一批样书:《论道德的谱系。一本论战著作》,莱比锡,1887年,卡·古·瑙曼出版社(缩写作GM)。

付印稿扉页上题词作:理解一切便——**蔑视**一切?……扉页背面作:对最近出版的《**善恶的彼岸**》的补充和阐发。[①]

① 扉页题词原文为法语(Tout comprendre c'est tout——*mépriser*),盖戏仿源自德·斯戴尔夫人的格言“理解一切便宽恕一切”(Tout comprendre c'est tout pardonner)。——译注

尼采手稿和笔记简写表①

M 系列：作于 1876 年至 1882 年间的手稿

M III 1　大八开本。160 页。《快乐的科学》的稿本。构思，片断。1881 年春至秋。对应于科利版第 9 卷：11。

M III 4　大八开本。218 页。《快乐的科学》和《善恶的彼岸》的稿本。计划，构思，片断，摘录。1881 年秋。1883 年春夏。对应于科利版第 9 卷：15 和第 10 卷：7。

Z 系列：查拉图斯特拉时期的札记，作于 1882 年至 1885 年间

Z I 1　四开本。58 页。《人性的、太人性的》（第一部分）的稿本。格言集。《查拉图斯特拉》第一部和《善恶的彼岸》的稿本。诗歌。（第一部分：1878 年秋）。对应于科利版第 10 卷：3。

Z I 2　四开本。122 页。格言集。《查拉图斯特拉如是说》第一部和《善恶的彼岸》的稿本。构思和片断。1882 年 11 月至 1883 年 2 月。1885 年 8 至 9 月。1885 年秋。对应

① 据科利版《尼采著作全集》第 14 卷 24—35 页的尼采手稿简写索引（Sigelverzeichnis），此处仅列出本卷编注中出现的尼采手稿和笔记的编号。——译注

于科利版第 10 卷,第 11 卷:39.43。

W 系列:所谓价值重估阶段的札记,作于 1884 年至 1889 年间

W I 1　四开本。166 页。《查拉图斯特拉如是说》的稿本。计划,构思,片断,摘录。1884 年春。对应于科版本第 11 卷:25。

W I 2　四开本。168 页。计划,构思,片断,摘录。《查拉图斯特拉如是说》第 4 部的稿本。1884 年夏秋。对应于科版本第 11 卷:26。

W I 3　四开本。136 页。计划,构思,片断。《善恶的彼岸》的稿本。1885 年 5 至 7 月。对应于科版本第 11 卷:35,第 12 卷:3。

W I 5　四开本,片断。168 页。计划,构思,片断。《善恶的彼岸》的稿本。1885 年 8 至 9 月。对应于科版本第 11 卷:41。

W I 6　四开本,80 页。记录人:露易丝·罗德-维德霍尔德女士。经尼采校订补充。片断。部分作为《善恶的彼岸》的稿本。1885 年 6 至 7 月及秋天。对应于科版本第 11 卷:37.45。

W I 7　四开本,80 页。片断。《善恶的彼岸》的稿本。1885 年 8 至 9 月。1886 年初。对应于科版本第 11 卷:40,第 12 卷:3。

N 系列:尼采的笔记本,1870 年至 1888 年

N VII 1　大八开本。194页。计划，底稿，片断，《善恶的彼岸》的稿本，偶记及书信稿。1885年4月至6月。对应于科利版第11卷:34。

N VII 2　大八开本。194页。计划，底稿，片断，《善恶的彼岸》的稿本，偶记及书信稿。1885年8月至9月。1885年秋至1886年春。对应于科利版第11卷:39，第12卷:1。

N VII 3　大八开本。188页。计划，底稿，片断，《善恶的彼岸》和《论道德的谱系》的稿本，偶记及书信稿。对应于科利版第12卷:5。

Mp系列:来源格式各异的散页，1871年初至1889年初

Mp XVI 1　《善恶的彼岸》的稿本，1885年6至7月，1886年初至1886年春。对应于科利版第11卷:38，第12卷:3.4。

参 考 文 献

按：译注及译按所引文献皆以中文于当页出注；此为所涉及外文文献的详细西文信息，以备查考。依作者姓氏的汉语拼音排序。至于编注所引书目的德文信息，可参见科利版全集14、15卷。

1，尼采同时及之前的著作：

按：不包括科利版编注所标尼采所引文献，亦不包括所引《圣经》、《浮士德》等经典作品。

阿尔伯特·赫尔曼·波斯特，《基于比较族群学的普遍法学预备考察》

Albert Hermann Post，*Bausteine für eine allgemeine Rechtswissenschaft auf vergleichend-ethnologischer Basis*，Oldenburg：Schulz，1880）

希门内斯·杜丹，《杜丹书札文稿杂集》

Ximénès Doudan，*Mélanges et lettres de doudan*，Paris，1879，vol.3，p.23f.

欧根·杜林，《生命的价值：一种哲学考察》

Eugen Dühring，*Der Werth des Lebens*：*eine philosophische Betrachtung*. Breslau：Trewendt，1865：170－71.].

欧根·杜林，《事件、生平和敌人》

E. Drührung，*Sache*，*Leben und Feinde*，Karsruhe und Leipizig 1882，283.

保罗·杜森，《韦檀多体系》

Paul Deussen，*Das System des Vedânta*，Leipzig：Brockhaus，1883，439.

保罗·杜森，《韦檀多经（译自梵语）》

Paul Deussen，*Die Sûtra's des Vedânta aus dem Sanskrit Übersetzung*，Leipzig 1887.

库诺·费舍尔，《现代哲学史》

Kunor Fischer, *Geschichte der neueren Philosophie*, Heidelberg, 1865, 1.2.
弗朗西斯·加尔顿,《对人类机能及其发展研究》
Francis Galton, *Inquiries into human faculty and its development*, London: Macmillan and Co., 1883, p.45.
赫胥黎,《行政虚无主义》
T.H. Huxley, *Administrative Nihilism*, in *Fortnightly Review* 16[Nov. 1, 1871]:525-43.
伊·康德,《康德文集》第27卷第四部分,《道德哲学讲稿》
I. Kant, *Gesammelte Schriften*, Bd 27 (IV/4). 2. Hälfte Teilbd.1, *Vorlesung über Moralphilosophie*. Berlin: Walter de Gruyter, 1975, s.618.
约瑟夫·科勒尔,《作为文化现象的法:法律比较学导论》
Jesef Kohler, *Das Recht als Kulturerscheinung: Einleitung in die vergleichende Rechtswissenschaft*, Stahel, 1885.
约瑟夫·科勒尔,《中国刑法。刑法全史之一章》
J. Kohler, *Das chinesische Strafrecht. Ein Beitrag zur Universalgeschichte des Strafrechts*, Würzburg, 1886.

奥古斯都·孔德,《实证哲学》第二卷
Auguste Comte: *The Positive Philosophy Vol. II*, trans. and edit. by Harriet Martineau, Batoche Books Kitchener, 2000, p.101.
《莱布尼茨哲学文集》第3卷(1714年1月3日致路易·布尔盖的信)
Gottfried Wilhelm Leibniz, *Die Philosophische Schriften*, ed. C.I. Gerhardt, Berlin; Halle, 1875-90, III, S.562.
欧内斯特·勒南,《现代社会的宗教未来》
Ernest Renan, *L'avenir religieux des sociétés modernes*, in *Questions contemporaines*. Paris: Calman Lévy, 1868, p416.
路德,《桌畔谈话》
Martin Luther, *Tischreden*, Winter 1542-43, Nr. 5513.
梅里美,《笔记与回忆》
Mérimée, *Notes et souvenirs*, Paris, 1855
赫·奥尔登堡,《佛陀:他的生平、学说与教众》,

H. Oldenberg, *buddha. Sein Leben, seine Lehre, seine Gemeinde*, Berlin 1881, 122.

圣托马斯·阿奎那,《神学大全》

St. Thomas Aquinas, *Summa Theologiae*, III, Supplementum, Q.94, Art.1.

司汤达,《罗马、那不勒斯和佛罗伦萨》

Stendhal, *Rome, Naples et Florence*, Paris 1854, 30

理查德·瓦格纳,《诗文集》

R. Wager, *Gesammelte Schriften und Dichtungen*, Leipizig, 1907, X, pp.280ff.

理查德·瓦格纳,《我的生活》

R. Wagner, *Mein Leben*, hg. Von Martin Gregor-Dellin, München 1969, 521f.

2,后世学者相关研究

福斯特·布里安,《帕斯卡尔关于"鲁钝"的用法》

Foster, Brian, *Pascal's use of abêtir.*, in *French Studies* (1965), Volume XIX, Issue 4, P.379－384)

Ximénès Doudan, *Mélanges et lettres de doudan*, Paris, 1879, vol.3, p.23f.

迪特列夫·布伦内克,《金毛野兽。论一个关键词的误解》

Detlef Brennecke, *Die blonde Bestie. Vom Mißverständnis eines Schlagworts*, in *Nietzsche Studien*, 5 (1976), 113－145.

3,辞典

(1)以下皆检索自芝诺数字图书馆(www.zeno.org)

《布罗克豪斯对话辞典》1811 年版

Brockhaus Conversations-Lexikon. Leipzig 1811.

《艾斯勒哲学概念辞典》1904 年版

Eisler, Rudolf: *Wörterbuch der philosophischen Begriffe*, Berlin 1904.

《皮埃尔辞典》1860 年版

Pierer's Universal-Lexikon, Altenburg 1860.

《迈耶尔辞典》1905 年版

Meyers Großes Konversations-Lexikon, Leipzig 1905.

《迈耶尔辞典》1908 年版

Meyers Großes Konversations-Lexikon, Leipzig 1908.

(2)以下检索自杜登电子辞典(Office-Bibliothek 4.0, Bibliographisches Institut & F. A. Brockhaus AG, Copyright 1993－2005)

《布罗克豪斯图文百科全书》2004 版

Der Brockhaus in Text und Bild 2004, Bibliographisches Institut & F. A. Brockhaus AG, Mannheim, 2004, Sat_Wolf, Bayern.

《杜登词源辞典》

Duden Herkunftswörterbuch, Dudenverlag, Sat_Wolf, Bayern.

《杜登引文辞典》

Duden Zitate, *Herkunft*, Dudenverlag, Sat_Wolf, Bayern。

4,德文其他版本及英译本

本书所引德文其他版本及英译本的注释皆与所引网页或书籍文字相对应,故不一一标明页数。

《尼采频道》

The Nietzsche Channel(http://www.thenietzschechannel.com/)

迪瑟英译本

On the Genealogy of Morality, ed. by Keith Ansell-Pearson, trans. by Carol Diethe, Cambridge University Press 1994, 2007.

考夫曼英译本

On the Genealogy of Moral; *Ecce Hommo*, trans. by Walter Kaufmann and RJ Hollingdale, Ed. with Commentary by Walter Kaufmann, Vintage Books, New York, 1989.

克拉克－斯文森英译本

On the Genealogy of Morality, trans. by Maudemarie Clark and Alan Swensen, Hackett, 1998.

萨缪尔英译本

The Genealogy of Morals, trans. by Horace B. Samuel, New York: Boni and Liveright, 1913.

史密斯英译本

On the Genealogy of Morals, trans. by Douglas Smith, Oxford University Press, 1996.

译 后 记

此译本与《善恶的彼岸》同列于孙周兴教授主编、商务印书馆出版的《尼采著作全集》第五卷。二书大旨相同，该卷所附“编者后记”（收入本书）已详言之。译者窃以为于尼采此等作者，注疏本身尚有学术论文所不能尽者，故用心颇多。中文版13万字余，注释占四分之一多，除编注外，并参取《尼采频道》数字版编注和多个英译本注解，间出以己见，然尤多有未尽者，倘有再版机会，当试图增补。

译本付梓之际，首先感谢孙周兴老师对译者多年来的教导和他为译本所作的认真校正。文中所涉法语和基督教相关问题多在谢华尽心襄助下解决，希腊语、拉丁语或经汪丽娟、徐卫翔的指正，对梵语和印度学相关问题的理解幸得杨嵋和范慕尤匡正。以上各位对译本贡献良多，在此由衷致谢。不过文责自负，疏漏之处，仍当归咎于译者，亦敬待读者诸君批评指正。

2015年12月

图书在版编目(CIP)数据

论道德的谱系:一本论战著作/(德)尼采著;赵千帆译.—北京:商务印书馆,2017
(汉译世界学术名著丛书:120年纪念版:珍藏本)
ISBN 978-7-100-14293-9

Ⅰ.①论… Ⅱ.①尼… ②赵… Ⅲ.①尼采(Nietzsche, Friedrich Wilhelm 1844—1900)—伦理学 Ⅳ.①B516.47②B82

中国版本图书馆CIP数据核字(2017)第139306号

汉译世界学术名著丛书
(120年纪念版·珍藏本)
论道德的谱系
一本论战著作
〔德〕尼采 著
赵千帆 译
孙周兴 校

商 务 印 书 馆 出 版
(北京王府井大街36号 邮政编码100710)
商 务 印 书 馆 发 行
北 京 冠 中 印 刷 厂 印 刷
ISBN 978-7-100-14293-9

2017年12月第1版 开本 710×1000 1/16
2017年12月北京第1次印刷 印张 13¾
定价:70.00元